Shangbanzu Mama De Jiaozi Baodian

的 上班族妈妈

教子宝典

心得篇

张晓彤 夜深 等著

北京理工大学出版社
BEIJING INSTITUTE OF TECHNOLOGY PRESS

目　　录

愿和孩子
一起成长

陈竞

"把孩子培养成一个快乐的普通人"，这是从当了父母之后我们始终贯彻不变的宗旨。

一 上天给我的礼物

"把孩子培养成一个快乐的普通人"，这是从当了父母之后我们始终贯彻不变的宗旨。

2000年9月17日，风风诞生了，虽然生产的过程非常不顺利，但他的到来依旧给我们带来了无限的幸福和满足。第一眼看到他，看到那粉红娇嫩的小脸和水灵精神的双眼时，一股暖流从我心底的最深处涌了出来：这是我的孩子，从现在起，他的命运和我息息相关，再也无法割断。他就如上天赐给我们的礼物，虽然历尽了艰难，但终于健康平安地来到了我们身边。

工作繁忙加上压力大，那几年我的心脏不是很好，早搏，供血不足……有时转转脑袋都觉得心慌气短，无法想象生育过程我是不是能挺过去。我们曾经约定实在不行就养几条小狗算了，不要孩子。那会儿我们觉得小孩子就和一个小宠物差不多，都能给我们的生活带来色彩和快乐。

现在想想，当时的想法是多么的简单和天真啊，对一个孩子所倾注的心血，那是和对一个小宠物的付出有天壤之别的。孩子从孕育那天开始，就和父母的心紧紧地牵连到了一起，血肉相连，一牵就是一辈子。

我们以为真的可以做到不要孩子，不过生儿育女确实是人类的本能，天性中的母性和父性还是慢慢地苏醒过来。到了年近三十的时候，想要孩子的愿望就逐日滋长起来，不论在哪儿，只要见到小孩子，就会情不自禁地流露出羡慕和喜爱。把别人的孩子抱在怀里的感觉，对我们来说简直成了一种诱惑。最后，我们决定冒险要个，虽然从来没人说过我不适合怀孕，但想象中的危险和艰难的确曾让我们望而却步。

好事多磨吧，决定要个孩子之后过了大半年都没有动静。跑到妇幼保健院做了各项检查，甚至那让人无法忍受的输卵管输通也做过了，却什么问题都没查出来。大夫很严肃地说，你可能是继发性不孕症，也就是原因不明的不孕症，建议趁年轻赶紧做试管婴儿。费用不低，也很受罪，我们决定还是相信自己，给自然生产多点机会。

几个月之后，在忙妹妹的婚礼时我发现自己很疲倦，也毫无胃口，我找一个中医朋友给我号脉，想通过中医调整一下身体。没想到朋友竟然说你有喜了。我们都不相信，最终又去做了个化验才确信了。从期待到不相信再到欣喜，经过了大起大落之后，我们开始静待孩子的到来。

因为身体虚弱，最初总有流产先兆发生，为了留下他，我前四个月基本都是在沙发或床上度过的。孕期的前几个月每天只能吃一个干巴巴的烧饼或苏打饼干，然后是无数次的呕吐，有时甚至会吐到消化道出血。尽管我知道吃什么对胎儿好，可不论什么东西吃进去，用不了几秒钟就会狂吐出来，别人可能有两个月的反应期，我似乎从一开头，一直到生产前期，都是如此。所以，从怀孕到生产，我的体重只是增加了二十多斤，从手术台上下来的第二天称体重，竟和孕前一个样。

没有运动，又不能吃东西，一直到七个月之后，别人才能看出我是个孕妇。大家都让我做好思想准备，说有可能孩子会发育不良。每次做CT，大夫又说一切都正常。

不过我们很注意孕期卫生保健，怀胎十月，我从不吃喝有添加剂或酒精的食品饮料，不用化妆品，不看电脑电视，不用手机，生活简单到了纯粹的地步，每天的消遣就是听听歌，散散步，读读书。

早期有位老中医给我号脉，说是女孩子。我们给"她"起名叫欣悦，希望她喜悦快乐。六个月之后，B超的大夫却告诉我"她"是个男孩子，我们又开始叫他欣睿，希望他聪明快乐。我们经常叫着他的名字跟他说话，和无数的准父母一样。

当时也有了胎教的说法，我对他的期望并不是成为一个神童，所以我没有每天读《三字经》或《论语》给他听，也没放英语或唱儿歌，我只是想加强和他的相互感应，让他在我的身体里就能够感觉到我，能够感觉到爱。

我用一个小小的手电筒在肚皮上轻轻地绕着，光束能透过羊水和脂肪、肌肉传达给他，我能感觉到他的头在转动；我摸着他小屁股的位置，用手轻柔地推着他，让他在我的子宫里散步；他的小手小脚划过我的肚皮，我会用手轻触它们，点三下，告诉他我爱他。每天给他做运动的时候，我都会跟他说话，我相信他在我的身体里，他的心和我的心一定是相连的。

胎教有没有传说中的神奇功效我没去验证，但我想他后来能成为体力超群、性格开朗的孩子，或者跟我孕期的这种"胎教"方法有一些关系吧。

比预产期提前了十几天，小家伙就等不及要出来看世界了。我不太适合自然分娩，他还有一圈脐绕颈，也会影响生产过程。尽管我和每一个初产妇都一样，对生产过程充满了恐惧，不过为了孩子能够更健康，我还是愿意再次努力，哪怕要经历一些痛苦，也想尽力自然分娩。

那种绞痛就不用说了，每个当过母亲的女人都知道。我的宫颈口却也天生有点问题，大夫说是发育不良，儿子的小脑袋怎么也无法把它顶开来。最后阵痛已经连成段了，一分钟一次，一次就是一两分钟。大夫检查，产道口还是关得紧紧的。别的女人的阵痛，是一种向下的痛，而我，每一次都是向上的，将胸腔下部顶得很高很硬，肝都像要被顶破了一样。

我不想叫喊，在之前听到过种种女人惨叫的传说，说有的女人不但叫得惊天动地，还会骂人，撒泼。我对这样的行为深表不齿，有什么样的痛不能忍着呢？叫与不叫，难道痛感不同吗？而且亲人们都在边上，大呼小叫的难免会让他们心疼。所以尽管痛得几乎无法呼吸，浑身颤抖，我始终都没叫出一声，嘴唇后来都被咬破了。

大半天过去了，大夫检查之后说得剖腹产了，不然孩子怕会缺氧。无奈之下，我最终还是被推进了手术室。因为痛起来全身发抖，麻药是被两个大夫摁在手术台上打的，刚打完，血压就到了180，主刀大夫说孩子可能会有生命危险，不等麻药的药力上来，就直接下手开刀了。

刀在我腹上划过，凉凉的，之后羊水破了，温热地流到腹部和腰下。当大夫把孩子从我的子宫里取出的时候，那感觉就像是把一块肉从身体里拿掉一样，一种说不出的扯拽和不舍。儿是娘身上的一块肉，我体会过且深以为然。

听到儿子响亮的哭声，是在5点10分。一切平安，快8斤重的儿子健康无比，所有的艰辛和不安，在那一瞬间烟消云散，只有满心的喜悦和幸福。大夫将可爱的红通通的他抱到我的眼前时，我喜极而泣。

待我们公布了孩子的名字之后，遭到了长辈的阻碍，说和长辈的名字有一点犯冲。最后为顾全大局，综合考虑了一下大家的情绪，灵机一动起了这样一个名字："王陈冯"。因为爸爸姓王，妈妈姓陈，而一直在妈妈身边帮忙的姥姥姓冯，皆大欢喜。

风风的名字饱含了斩不断的亲情，也蕴藏了回报感恩。当然，这样叫出来不但不好听，写起来也不好看，于是，就用了谐音——晨风。早晨的清风也是最干净和清新的，我们希望他的一生也能如晨风般清爽。

二 我们的教育观念

孩子的教育，离不开父母的培养，而父母受到的家庭教育和生长的环境，对他们养育自己的孩子起到了潜移默化的作用。

我出生在书香之家，父母都是知识分子，他们对我的教育相比同龄人来说就要开放和宽松些，更注重个性的培养，自信、自尊和独立一直让我受益匪浅。

　　大学的时候我就开始尽可能地自食其力，虽然家境并不差，但我一直铭记18岁之前信誓旦旦对父亲夸下的"海口"，18岁之后我要自己养活自己！上了大学，我开始半工半读，在一个酒店从服务生当到领班，让我很早就有了自力更生的体会，每次回家同学们都是从家长手里领生活费，我却可以用打工挣的钱买些礼物带给家人，这让我享受到了通过自己的双手给家人带来快乐的自豪和满足感。

　　大学之后独自在南方闯荡了很多年，也更让我对一个人应该具备什么样的性格和心理才更容易在社会上生存深有体会。那就是一定要坚强，要自信，要有责任心，要努力。

　　可以说，从大学毕业至今，我获得的一切都是我自己选择和努力的结果，虽然我称不上成功，但却很享受自己创造的生活，也很感谢父母对我个性的塑造。

　　风风的爷爷奶奶是工人，从小就把孩子送到乡下，一直到上小学才接回市里。因为没有文化，孩子也比较多，他们并不怎么重视对儿子个性的培养，加上脾气不好，忽视亲情的表达，父母和家庭带给他们的是冷漠和压抑的感觉。他没有办法像我一样能够把学业坚持下来，能够按自己的意愿选择发展方向，而是高中毕业就早早上班了，从事的大多都是些吃苦受累的工作。

　　我们之间强烈的反差让他更倾向于接受我受到过的家庭教育，亲情缺乏是他的遗憾，有了自己的孩子，他总想把小时候没有得到过的关爱一丝不少地给予他，也想尽可能地避免将相同的不幸带给自己的孩子。于是，我们在教育孩子的理念上一拍即合。对待孩子方面，父母一定要有一个统一的观念和原则，否则不但容易发生矛盾，更容易让孩子无所适从。

　　我是从1999年开始接触早期教育的，并开办了一家早教机构。见识和了解了大量先进的早教知识，让我对教育自己的孩子有了更多的思考，我们对孩子教育的最终目的是什么？我想最终的目的，就是让他顺利地融入社会，做一个快乐、健康、积极向上、有责任心、能担当的普通人，而不是简单地有一个好的学习成绩，考上一所好大学，早早成为神童或是人格不全的"成功者"。

明确了这一点，我对儿子的教育也基本采取开放和宽松的策略，重点培养他独立、自信、勇敢的男人气概，这在比较封闭的国内，在应试教育为主的今天，或多或少是有一些异类，也被身边不少朋友批评过，说这种个性化的民主式教育并不适合国内的发展，尤其我给孩子的自由空间太多，被认为过于娇惯了孩子。

风风从出生起至今一直是我们亲手带大的，我没有麻烦父母们，不仅是出于怕他们辛苦，也是怕大家的教育方式出现不同，反而会影响了孩子的成长。事实证明我的选择是正确的，爷爷奶奶带大的孩子们，或多或少都有点娇纵的痕迹，要不就是好吃懒做，要不就是任性霸道。相比起来，一直是我们自己带大的风风，在性格和脾气方面明显强多了，自理能力也好了很多。

经常看到有的妈妈刚打算要求孩子，就有奶奶忙着把孩子护起来，说孩子还小，要求他那么多干嘛呢？长大了再教也不迟啊！有的孩子快上小学了还不会系鞋带，吃饭还要老人们追着喂，我一直怀疑这样的孩子将来能有多少作为。中国的高考状元在美国各大学遭拒，为什么呢？还不是因为在人家眼里，这些孩子都是一些高分低能的小怪物？

大的方向我们总能保持一致，就算有小的偏差，也会背着孩子在私下里进行沟通。一般情况下他管教孩子的时候我很少干涉，而我教育孩子的时候他也很少插嘴，尤其是批评责问孩子的时候，因为没有可以求助的人，没有保护伞，一切都很顺利和简便，而他也很乖巧听话。

在我们家里，风风不仅是一个小孩子，也是一个家庭的正式成员，他不是附属品或是小太阳，而是和我们一样，需要正视，需要尊重。

这样的教育理念和教育方法得以执行下来，一直到今天。

三 婴儿期的训练

　　孕期我一直在看早期教育方面的书，知道剖腹产的孩子由于没有经过产道的挤压，容易出现很多感统方面的问题，多动症或注意力集中困难等等这些都是感统失调的症状。为了避免风风将来有这样的问题，从他出生开始我就对他进行简单的感统练习。

　　我每天给他做抚触，从新生儿期按摩手心脚心开始，到满月左右的全身抚触，这样不但能开发他的末梢神经的敏感性，也能增进母子的亲情感。在他那幼嫩肌肤上每一次轻柔的抚摸，我的心里都充满了甜蜜，而他也总是一副心满意足很享受的样子。

　　大一点的时候，除了抚触，我还加上了按摩和肢体练习，抓着他的小手小脚帮他做体操，用长毛巾卷大饼一样卷起他打滚，把他放在大方巾上和另外一个人打秋千一样前后左右摇摆他。通过这些感统练习，到了幼儿期和少儿期，他虽然很调皮好动，却始终没有表现出多动症和感统失调的症状。他的平衡感比自然分娩的孩子还要好很多，不管是滑板、滑轮还是山地车，他样样拿手。

　　冬天家里的温度只有十几度，我坚持每天晚上把他脱得光光的，把他放在被子上做训练，他总是情绪愉快地配合，做完之后把他往他的小被子里一放，他很快就能甜蜜地安然入睡。很多父母都要抱着孩子在房间里游来荡去地哄他们入睡，或是让孩子叼着奶头才能睡着，我想这可能是从一开始就养成的习惯吧。可能我是一个程序化的人，所以，在养育孩子的时候，难免也会有一些程序化，凡事都喜欢有规律。

　　早上醒来我总是先给他舒展筋骨，来个全身尤其是双手双脚的摩擦。他最喜欢的是走猫步和引体向上，在他没出满月的时候，我把他抱着，两只脚放在桌子上，他可以条件反射地两脚交替向前迈步；让他平躺着，给他两只食指，他会紧紧握住，有时力气大得可以把自己的头和肩拉起来。这么做不但增进了彼此的亲情，让他有安全感和愉悦感，寒冷刺激更是让他很少感冒，身强体壮。整个婴幼儿期，他几乎没生过什么病，腹泻和发烧也罕有发生。

随着他一天天长大，我在院子里很快就出名了，因为冬天很快来了，而只要天气晴朗，我就会抱着风风下楼晒太阳。我没有像包粽子一样把他紧紧地抱着、裹着，而是按我身上的衣服多少给他添加衣服，一岁前，他比我只多一件，而一岁后，他比我要少一件。没有风，太阳很好的时候，我不给他戴帽子，就让他光着小脑袋抱他晒太阳。每当我在院子里从人前走过，就会有人指指点点，说，看，这就是那个老不给孩子穿衣服的妈妈，那语气充满了对孩子的同情和对我不懂事的指责，我几乎成了反面案例了。

不过在他们的指指点点中，风风各方面的发育都很好。在他满月的时候，别人看了会说，他有百天了吧？在他百天的时候，别人又总说他看起来像半岁，他不但人长得高大，翻滚、坐起、爬行、直立和行走的时间也比别的孩子提前很多。

不到七个月的一天，我把他放在卧室地板上的席子上，自己到厨房刷牙，突然觉得脚底下有动静，低头一看，他竟然爬到了我脚下正对着我笑。而大部分孩子，要到8个月以后才能学会爬。后来我做早期教育，在给别的妈妈讲解如何教孩子学会爬的时候，他成了我的小样板，只要我一拍手，他马上从墙的一头迅速爬向我，动作快得不可思议。

爬对孩子将来的运动能力帮助很大，但很多家长都认为地上不干净，把这一动物的本能给省去了。于是好多孩子学走路的时候会很困难，磕磕绊绊的，就像喝多了酒的醉汉一样。而风风的走我从没有意教过，也没有天天弓着腰在后背拉着拽着，他自己从爬到站，从站到扶着东西自己走，最后在他一岁生日的那天，他从地板上站起来，不用任何人牵拉，一步步地高兴地叫着走向我。

四　放手让他学飞翔

老实说我一直认为自己不是一个母鸡般呵护孩子的妈妈，也不是高高在上指指点点的老师，而是朋友和引导者。我不是紧抱着他走，不想束缚和笼罩他，只是在边上引导他，在他走错的时候拉他一下。

他每一次摔倒，我们都鼓励他不哭不闹，自己站起来，自己拍干净身上的土。在广场上带着他学走路的时候，他蹒跚地冲着我前行，看到他摇摇晃晃地栽倒在地上，我没有像别的妈妈一样飞速地惊慌失措地冲过去把孩子抱起来，而是拍着手站在离他不远的地方继续激励他，风风，站起来，找妈妈！好多孩子哭，并不是因为摔得有多痛，而是被妈妈惊慌的情绪吓的。

我看到不少四五岁的孩子，有的摔倒了会保持着摔到地上时的最初姿势趴在那儿望着家长大哭，等着家人来呵护和帮助，这可能已经成了一种固定习惯，如果当时并没什么家长在身边，相信他们也能自己站起来。这样的孩子会太多地依赖别人，也容易利用别人的同情和关爱，而这种同情和关爱会使孩子变得懦弱。

不到三岁的风风滑那种带扶手的滑板车已经非常娴熟了，那车跟《天线宝宝》里小波的那辆差不多。别的孩子一般要用后面是两个轮子的，而他可以很灵活地用后面只有一个轮子的。他可以在滑着的时候做出各种高难度的动作。比如一只脚站车上，另一只脚向侧面高高翘起，姿势不太优美，像个抬腿撒尿的小狗，但保持这个动作要很高的平衡能力，所以总会获得大家的惊呼。而一只脚站在车上，一只脚在身后抬起时，就像一只可爱的小燕子了。

他在广场总是出尽风头，就连十来岁的大孩子也没有几个能够像他滑得那么快和滑出那么多花样。大家的赞美激发了他更大的热情，他总是精神抖擞，更加卖力地滑起来。小滑板车让他有了很强的平衡能力，这对他以后学轮滑和滑滑板都有很大的帮助。

有次他正飞快地滑着，本想再玩个高难度的动作，不料却因得意而失去控制，一脚踩在了刹车上。车瞬间停了，风风整个身子从车上飞了出去，重重地摔到了水泥地上。这一次摔得不轻，我们急忙跑过去查看情况。风风张着嘴，正要大哭，突然意识到后面还有一个小妹妹在看着自己，马上就把嘴巴闭上了，大声对跑过来的我喊道："没事，妈妈，我不疼！"声音足以让十米外的人都听到。

一看他的脸，下巴正流着血。可为了表现出他的勇敢和坚强，他竟忍着没让眼泪流出来。他又一次从地上爬起来，拍拍身上的土，潇洒地扶起倒在地上的车，继续投入"表演"。只是每次滑到我们身边时，他就大声喊一句："妈妈，我没事！"

回到家，他下巴上的血都干了，脸上还青了很大的一块，腿上和肘上也都是擦伤。我说，风风，你真是一个勇敢的小男子汉！

还有一次风风和妹妹在地板上跳舞，越来越兴奋。风风一时兴起，开始表演高难度的动作。他两手撑地，一腿弯曲跪地做圆心，另一腿伸直用来蹬地，让身体画圆。姥姥和姨妈上来阻止："风风，小心点，别转了，小心碰到柜子上。"风风像没听见一样接着转，一圈又一圈。只听"砰"一声，他失去平衡，一头撞向了柜子的角上。头上立时起了一个很大的包。

因为刚才受到过制止而自己没有听话，风风勉强挤出个轻松的笑容来："没事的，不疼，一点也不疼。"这次他不是为了表现勇敢，而是明白这样的结果是自己不听话造成的，他不能把责任推到别人身上。

每次他受伤，我都让他自己找原因，不要抱怨环境和别人，更不允许他做打桌子、骂板凳这样转移责任的傻事。

一岁多的时候带他去爷爷家，他碰到桌子上，奶奶看见了，使劲给了桌子几巴掌，骂道："谁让你碰了我孙孙！"本来没什么想法的风风也学着奶奶的样子用脚踢桌子。我把他拉到我怀里，大声对他说，桌子没有动，是你自己跑过来碰到桌子上的，它多可怜啊，肯定比你还疼呢。你应该对它说对不起，怎么还能打它呢？

风风用手摸了摸桌子，像在给它揉揉一样。奶奶听了也不好意思再骂它了。

风风从出生就没跟我睡在一张床上，我们在大床的边上给他铺了一张小床，方便我半夜给他喂奶和换尿布。一岁之后本想让他自己睡到别的房间，只是当时在外地做生意，晚上全家都在店里睡，没那么便利。

等我们租到了合适的房子，在他三岁生日那天，我把其中一间收拾得热闹而充满童趣，床头的墙角和天花板上用牛皮纸扎了一颗柳树，上面垂掉着塑料柳叶和花草，墙上粘贴了很多可爱的卡通画，床的四周像个快乐的小公园。小床铺得很柔软，全新的枕头和他最喜欢的卡通床单，他只到房间里看了一眼就喜欢上了，我说这是给爸爸准备的房间，多舒服啊！他欢叫着说我要睡这里！……于是，三岁时他爽快地睡到属于自己的房间里去了。

除了自己睡之外，三岁之后，连洗澡都是他自己动手的。我们只用帮他调好水温就行，他自己在里面洗完，就会光着小屁股跑出来。至于他是不是洗得很干净，或会不会太浪费水我们都没有考虑，即使在里面玩水也能接受，我相信等他适应和习惯了，就会没问题。

我家楼下就是单位的医院，从四岁到现在，带他看过病开过处方之后，每次去输液我都让他自己去。

第一次在这里打吊针，在路上我就把他的勇敢精神提前赞美了一番，我说勇敢的孩子打针都是不哭的，因为不论哭还是不哭，针都必须打，那为什么还要让别人笑话是胆小鬼呢？我的小风风是个小男子汉，对吧？

四岁的他果然无畏得像个小勇士，睁着两只眼睛盯着护士把针头扎进手背的血管里，眉头都没皱一下。他的英勇行为立刻受到了全病房人的赞扬，纷纷以他为榜样教育自己同样打着吊针的孩子。

这下他不禁有点得意了，对着大家夸口："不就是把这个针扎到手上嘛，有什么了不起的。"扎上针后他谈笑自若，和旁边的小朋友们争着表现自己的"才华"，查数，背儿歌……丝毫没有一点手上还扎着针的样子。

之后他再来，表现得就更加神勇了，可以谈笑风声地看着护士把针扎了进去，哪怕偶尔因为护士的熟练程度而被迫在小手背上重新扎过几次。

我看没问题了，以后就让他自己去了，他会在家里找一本自己喜欢的书，很爽快地去独自"看病"。

这在习惯了当保姆的妈妈看来很难想象，甚至有点残忍，但我认为这是一个当妈妈的最应该做到的，我想得到的是一个顶天立地的男子汉，而不是一个无用的小少爷。孩子就是在我这样的"残忍"中一天天茁壮成长着，他的身高和体重总是遥遥领先，各方面的发育情况也均衡良好。

五 所谓的早期教育

早期教育，被很多人误解为早早向孩子灌输文化知识，有句话被曲解了：不要让孩子输在起跑线上。他们认为不输在起跑线上，那就让他们早早出发吧。所以，很多速成的东西盛行起来，快速计算，快速识字……不但学习周期缩短，就连学习的时间也越来越提前。

我从来没想过把孩子培养成超常儿童，在学习方面，我更愿意用潜移默化的方式，像细雨滋润土地般，一点点地充实和积累。

教他阅读很轻松，在他几个月大的时候我打了一些卡片，贴在他能看到的实物的边上，墙上认知的图片边上也挂着字。婴儿认字的原理跟记忆图片是一样的，所以当我后来把图片抽走只留下字的时候，当我说"碗，电视，杯子……"他的眼睛就能准确地找出那个字，那时他只有四五个月。所以新闻里说的两岁的孩子认多少个字，我认为这是有可能的，只要反复让孩子看，他们就会把它们当图形一样记往。我的重点不是想让他认识多少个字，而是想让他学会阅读。

两岁半，开始教他读儿歌，方法很简单，把书放在他手里，让他用手指点着跟我读，哪怕他早就会背的，也要求他必须用小手指点着读。给他讲故事时也一样，我读一句，他用小手指着跟我读一句。我从来没有单独教过他枯燥的字词，没有用过什么识字卡或是识字书，但日积月累的指读和不断重复的结果是，不到四岁他就认识二千多汉字了。这个过程并不困难，难的是坚持不懈，日复一日。而孩子也不排斥，因为我从来没有要求他去记住哪个字，而只是给他读儿歌，讲故事，有规律地、一个阶段一个阶段地更新。

二岁多的时候读了一篇《奶牛》:大黑牛，长白花，吃青草，甩尾巴，挤鲜奶，喂娃娃。风风很快会背了，而且由于指认的次数多了，对其中的一些字也有了印象。

一天爸爸心血来潮,想测测他的认知能力。他指着一本家人的图片问风风:爸爸、妈妈、姐姐、妹妹、哥哥、弟弟……风风答得全没问题，爸爸很是欣喜。翻到一张老奶奶的图片，风风从小没有和爷爷奶奶一起住过，见面的次数也极少，所以对这个称谓并不了解，也不熟悉。风风稍加犹豫，就兴奋地脱口而出:"大黑牛！"

爸爸脸一沉，以为我有意这样教风风说，回过头来看着我，希望得到解释。我也很吃惊，没想明白这是怎么回事。可随后风风又接着表现起来："大黑牛长白花，吃青草……"

原来他看到了"奶"字，就想起了这首儿歌，这说明这种识字方式还是初显成效的，只是还没做到把字单个单个地分开记忆。

三岁以后，跟我们逛街，风风已经可以指认出不少招牌上的字了。有次带他到超市购物，风风舒服地坐在手推车上，不停地用手指着他能念出的字大声地读给我听，这对他来说是一种好玩的游戏。

突然，他大声叫了一句："妈妈，看，人肉。"我惊愕，顺着他的小手看过去，原来是一个边门上写着的："禁止入内"，他把"入内"读成了"人肉"……

到了四岁，认字这点能力已经可以被他利用了。姥姥带风风回老家玩，为了不让他觉得无聊，每天都会带他去不同的老朋友家玩，这些人家里一般总会有和他大小差不多的小孩子，他很高兴又有了这么多新朋友。

有天才六点多，他又要去玩。姥姥逗他："我告诉你一个小妹妹家，你自己去吧，我累了。"风风的积极性被调动起来了，忙答应自己去。"4号院9号楼2单元4楼东边。"姥姥报出一串带数字的地址。

风风想重复一遍，但发现自己没记住。灵机一动，他对姥姥说："你写到一张纸上吧，我拿着纸就行了。"姥姥好奇了，想知道他究竟有没有能力找到，就真写了张条子递给他，并偷偷跟在身后"监督"他。凭着小条，风风果真找到了小妹妹家。

以后，我经常把急需的油盐酱醋或瓜果蔬菜列成一张单子，他拿着清单可以替我到楼下的超市购物。

随着识字能力的提高，四岁的风风已经可以单独阅读小学三四年级的孩子们看的少儿故事书了，在别的孩子需要妈妈讲故事的时候，他已经想看什么就看什么了。从故事下手，之后是少儿百科知识，再之后是《论语》，随着理解能力的加强，他的阅读能力也在一点点进步。

在看什么书上，他有相当的自由，我很少去干涉他，只是给一些建议和指导。所以他看的书很多也很杂，从童话到儿歌，再到百科丛书、军事画报……他对什么有兴趣，我就买什么书给他。成套的书他也有很多，《皮皮鲁全集》《马小跳全集》、《哈利·波特全集》、《猫武士全集》……只要是适合孩子阅读的书，我认为都应该大力支持，书是孩子最亲近的朋友，让孩子养成看书的习惯，通过阅读，可以帮助孩子更健康地成长。

教他英语更简单，从他几个月大，我就放英文歌给他听，再大一点，就找全英文的动画片给他看。小学之前的风风很少看国产动画片，但英文版的《海蒂》、《小红帽》、《白雪公主》……他不知道看了多少遍。三岁之前是孩子语言发育的敏感期，这个时期多听多看多接触，可以为今后语言学习打下基础。忘了在哪本书上看过：你想让孩子今后掌握几种语言，就在三岁之前让他听几种语言。

我们没系统教过他口语，虽然我们都是英语专业毕业的，但当年有限的学习环境会让我们残留一些口语发音不精准的毛病，我们不想把这些再传继给孩子。靠多听多看，风风之后的语感很好，不少教过他英语的老师都夸奖他，说他的发音很准，有语言天赋，而每次的英语考试对他来说都很轻松。

在他三岁之后的一段时间我只是晚上去教室看孩子们上课，白天有大量的时间在家，所以从三岁到七岁上学之前这四年里，除非我出差了，风风一般很少上幼儿园，他在幼儿园的时间加起来不超过一年。他的早期教育基本都是我们自己来完成的，我负责他智力和情商方面的开发，爸爸负责带他强身健体。我们有很多机会让他跟同龄的孩子接触，每天傍晚他都到广场上跟别的小孩子一起玩，而周末我们会带他到亲戚朋友家找年龄相仿的孩子，所以他从没有出现有的家长担心的不合群、性格孤僻的现象。

由于从事过一段时间早期教育，也有机会去各地学习交流先进的教育方法，我对蒙台梭利博士创立的教育思想很信服。虽然她的那套学习方法最初是针对智障孩子的，但通过大量的动手操作可以激发起孩子们对学习的兴趣，唤醒孩子们求知的潜能，这使她的学习方法被越来越多的教育学者所认同。

孩子有强烈的探索环境与周围一切的本能，这种生命的冲动促使孩子从日常生活中学习并发展自我，孩子通过自己能力的发展，获得知识，变得更独立更善于思考。这比面对面的教授更科学合理，它恢复了儿童生命本来应有的能力，让孩子们通过自己的努力激发潜在的智慧，获得喜悦和满足。

因为教育方式比较新，师资和教具投入也比较大，当时只有北京、上海这些大城市有这样的幼儿园。为了让风风接受蒙氏教育，我买了一套价格不菲的蒙台梭利的教具让他学习，我先去观摩别人的课，再按照蒙氏的教学大纲带他，这种练习为他今后的数学学习奠定了基础。国内数学大多重视计算练习，而蒙氏数学则从数理下手，让孩子们知其然，也知其所以然。通过大量的动手动脑，他的思维变得灵活了，抽象能力和想象力也增强了。

我们每天的学习时间很固定，上午一个小时，前半部分是阅读，中间会做一些互动的小游戏，后半部分是蒙氏。我不用教学者的身份教他，只是在边上做一个陪他学习的启发者。他"学习"起来比较轻松，因为这样的学习更像是娱乐或游戏，没什么压力，也不古板，但效果比在幼儿园学习好。他还养成了坚持学习的好习惯，这让他上了小学之后很受用。

学习增长了他的见识，当他跟人谈起黑洞、百慕大和人类起源、人体结构，尤其是生理知识的时候，别人都很惊讶，我知道这要归功于那些广而杂的书。

有一天我带着四岁的风风散步，正走着，他突然问我："妈妈，是不是爸爸把种子放在妈妈的子宫里，然后长呀长呀，长大了我就出来了？"我想这一定是从那本《人体科学》的书里看到的。

当时路上的人很多，我不知怎么回答，就说："回家妈妈再告诉你。"但无奈风风的求知欲太强，不依不挠："那爸爸把种子放在狗肚子里是不是就生小狗呀？爸爸把种子放在猫的肚子里是不是就生小猫呀？"我有点无地自容了，因为这时身边路过的人已经都在回头看了，还有的在冲着他笑。

但是风风正为自己的发现而激动，又大声地总结："爸爸把种子放在鸭子肚子里生小鸭，爸爸把种子放在鸡肚子里生小鸡，是不是？"刚才路过的人正在回头大笑，我无可奈何，只得对他说："什么动物的爸爸只能把种子放在同一种动物妈妈的肚子里……"

小学的时候有一次老师打电话告状，风风在男厕所给男孩子们讲交配和生殖，讲精子和卵子的受孕，讲男人的"小鸡鸡"和女人的子宫，那些孩子回家向家长求证，被雷到的家长们纷纷到老师这里投诉。因为他们中有很多都不敢跟孩子们交流生理常识，有的甚至还在骗孩子他是从垃圾箱旁边捡的呢。

因为阅读开始得早，他的知识面比较广泛，有次我们找打火机，正在发愁的时候他举着一个放大镜很兴奋地跑过来："妈妈，把这个对着太阳就能引着火啊！"虽然这个想法很天真，但说明他是知道这个原理的。

在孩子的婴幼儿期，我始终坚持在玩中学习的方法。历史典故可以当小故事讲，地理常识可以用游戏学，而生物更可以带他到大自然中去学习。他两岁的时候可以把23个省的拼图翻过来，用背面不到两分钟顺利拼出中国地图。后来大一点的时候，我经常带他到各地旅游，说到什么省的时候，他总能熟练地说出相邻几省的名称。"行千里路，读万卷书"，增长见识，丰富阅历，我认为这是对孩子最好的教育。

早期教育，在我看来不是早早下手把孩子培养成某方面超常的奇才怪才，而是在孩子的婴幼儿期一点点一滴滴地不断浇灌，给他一个良好的生活习惯、健康的心理条件和旺盛的求知欲，以及解决问题处理问题的能力。

六　理财从小就下手

　　理财对孩子也很重要，好的消费习惯不但可以增强孩子的自制能力，也可以教他们权衡利弊，分清主次，培养他们的计划性和计算能力。

　　身边有不少朋友在这方面很头疼，他们要不就一分钱不给孩子花，要不就是孩子要什么买什么，在中间找到平衡点看起来很不容易。不给孩子花钱，孩子大一点之后家长会发现很难做到，因为他们会找各种各样的理由要点钱自己偷偷放起来，或者干脆就是偷偷拿大人的钱花。阻止孩子花钱的目的达不到，孩子长大了还可能成为不会正常理性消费的一类。而要什么买什么就更不合适了，因为随着年龄的增长，孩子的欲望会越来越大，虚荣心越来越强，这样的孩子将来或许会成为"月光族"或"啃老族"。

　　在风风三岁前每次带他到超市总是像经历一场战争，这小家伙看见什么拿什么，全然不顾我们口袋里的银子够不够数。也曾耐心地告诉他什么东西有用，什么东西没用，但是一到超市，面对那么多的诱惑，这些教导就显得有点无力了。

　　起初只要不是过分的要求，我们总是硬着头皮照付。回家看着袋子里的东西，全是些牛肉干、膨化食品、果冻、饼干、糖果、橡皮泥、沙画、玩具……垃圾食品和重复购买的占了绝大部分。

　　后来就是他在前边义无反顾、毫不犹豫地往推车里拿，我们跟在后面悄悄地往外捡，反正他也记不得，结账时压力就少了很多。有几次被小家伙发现选中的物品竟没在袋子里，他就长了心眼，牢牢地看着手推车，不给我们下手的机会了。

　　我要不停地给他解释什么可以留下，什么必须放回去，有时还要软硬兼施，威逼利诱。遇到他耍赖哭闹，马上空手带他离开超市。一趟下来，常被他折腾得口干舌燥、筋疲力尽。

这种情况在他四岁后得到了改善，我们改变了策略，每次到超市前就给他十块钱，让他自己选择他要的东西，自己结账。如果超出，我们坚决不替他支付，如果哭闹，钱马上没收。而如果没花完，他可以放着，等攒多了给他买他喜欢的大件东西，比如说书、篮球或是玩具。得到风风的同意之后，此案得以通过。

进了超市，我们在推车上给他专门放了一个购物篮，并把十块钱递到他手里。风风开始认真地在里面搜索他要的东西，每次拿起一件时总会小心翼翼地问一下爸爸："我的钱够不够？"大件的当然不够，他就带着遗憾把它放下来，接着找。

每往篮子里放一样东西，他就会问一下："我的钱够不够？"如果还够就放进篮里，不够他就会非常严肃地比较一下手中的东西哪个更想要，把更想要的留下，另外的再放回原处。开始时他会花光手里的钱，慢慢的，钱开始有节余了，再到后来，他就直接把钱存起来了。

有次转完超市，他的篮里一共三样东西：一套橡皮泥，一袋糖和一瓶饮料。结账时是13.5元，超了。看着手里的十元钱，风风把求助的目光望向我们，我们无动于衷。

风风咬咬牙，把饮料拿了出来。9.5元，正好控制在目标范围之内。出来后问他为什么留下糖，他神秘地说："带着去滑冰呀，分给那几个姐姐吃！"他还知道好东西要跟大家分享呢！

这样坚持了不到一年，他就掌握了十以内的加减法，甚至还自学了小数点的使用，知道超过十毛就要进位到一块了。而我们并不是整天都逛超市，他省了不少钱，最后这些钱给他换来了他喜欢的东西。

培养他理财，就得时常给他一些零花钱。他会承包一部分家务，作为奖励，我们会五毛一块地给他一点，让他存到储钱罐里去。知道了挣钱不容易，也体会到了消费要理性，他存钱的速度往往大大超过花钱的速度。他的零用钱由他自己管理，我仅仅要求他详细记下收支的明细。

有时他也会自己开发出一些挣钱的项目，比如有次看我在电脑前坐得很累，他很乖巧地趴在我的肩上要求帮我捶背，我差点激动得老泪纵横，他又给我一个最明媚的笑脸："200下5毛钱行不？""不行。""300下5毛，"他让步。"不行。"他下了下狠心，咬了咬牙，跟赔血大甩卖的劲头差不多："500下5毛行了吧？"

我实在忍不住了，被他脸上那副做生意般认真的表情弄的，脑子里是他挥着两个小拳头在我背上飞舞最少半小时的样子。"好吧，给我来一块钱的吧。"我最后终于投降了。那天他用了半小时挣了一块钱。

上了小学之后，学校可以订阅书刊杂志了，我总是和他商量订什么。一年级和二年级他订的都是《漫画世界》和《笑话大王》，到了三年级，他要求订《探索财富》。有时他会和我探讨理财的方法，会问我，妈妈，你的钱存银行是定期还是活期？会跟我讲消费观，告诉我品牌和价值的关系……

他开始学着挣钱了，把从山里、海边、河滩上捡到的石头收集起来，按它们的成色和形状标价，现在有不少奇石爱好者专门收藏各种石头，他认为这是一笔不错的买卖。除了卖石头，他还把废弃的东西存到一起，连同在街上别人发的小广告一起卖给收废品的……

七　安全教育很重要

杜布森博士写过一本书，叫《养育男孩》，里面有段话我深以为然，大意是能活着健康地长大成人的男孩子，每一个人都是奇迹。有份资料显示，男孩子的死亡率是女孩子的三倍，死亡原因主要是意外事故、暴力和自杀。男孩子们表现良好时，一切是那么美好；但是年轻气盛时他们又是那么脆弱，那么容易犯错。他们的"男子汉"特征无处不在：一方面，他们缺乏经验，喜欢冒险；另一方面，他们有能力，富有同情心，性格坚强。由于好奇和天性里的好冒险，他们面临着更多的危险和诱惑。

从小到大，风风也可以算是九死一生了。最早一次是他两岁多的时候给我开门，嘴巴里正含着一块糖，一抬头看到我，他高兴地笑了，没想到一吸气，整个糖被吞进气管里去了。他的脸马上变紫了，什么声音也发不出来，恐惧的小眼睛里噙满了眼泪。好在我学习过气管异物的急救，当下马上把他环抱着，用膝盖顶在他的后背上，双手用力压他的胸腹交界处。几下之后，糖块被他喷了出来，他放声大哭。

还有一次我在做饭，他玩橡皮泥，一不小心把几种颜色混合在了一起，他把它搓成小条，发现有点像鼻涕，就把它们塞鼻孔里去了。塞完得意地跑过来让我看，我一看也是吓了一跳，因为他一用力，就有可能把它们吸到气管里去，我忙用小镊子把它们掏干净了。

以后我告诉他，嘴里有东西的时候不能疯，不能哭和笑，鼻子里不能塞任何东西，不然都有可能吸进气管，他都遵守和照办了。因为他经历过那个情景，知道下场会有多可怕。

还有一次也很惊险，我刚端了菜盘子走进房间，就看到小风风在用一个什么东西捅电插座，我赶快喝住他。为了防他中电，我们已经将房间里所有的电插座都用封带给封住了，只在床脚不远处留了一个，他就在尝试玩这个。走近一看，当时吓出一身冷汗——其中一个插孔里已经插上了一个发卡，他正用另一个发卡往另一个孔里塞。如果第一个孔是地线的话，那么第二个插进去就很危险了。

我把那个插座也封上了。孩子太小的时候，跟他讲道理有时是没有用的，我也很难让他亲身体会一下中电的感觉。不像不许他动火，我可以抓住他的小手，让温度高的东西稍稍烫他一下；不许他玩电扇，我用小木棒伸到叶片里，让他看到小木棒被扇叶打得断掉……后来去了省科技馆，我带他去体验轻微中电的感觉，那种刺麻一下子让他记住了电的厉害。

新闻里常有孩子丢失之类的报道，每次我们都会心惊胆颤，担心同样的事会发生在风风身上。所以隔三差五地，我们就给他来个实战演习，列举种种情况来考验他是如何应对的。

有次我的一个朋友来找我，他人高马大的，我灵机一动，决定对风风进行一次考验，看看三岁多的风风对陌生人究竟有没有警觉性。当时他正好跟姥姥到公园玩去了。

我们来到公园，姥姥正沿着直径四五百米的广场绕圈子，而风风一个人在广场中央玩着。我躲在远处，朋友一个人走近了风风。"小朋友，你叫什么名字啊？"朋友像一个和蔼可亲的"大灰狼"。

风风抬头看了一眼，没理。"小朋友，你自己啊？"朋友装得关切的样子。风风把头抬起，看了一眼远在二百米之外的姥姥，大声回答："看到没，那个人是我的姥姥啊！"明显带着警告威胁的架式。

朋友锲而不舍，继续追问："小朋友，你姥姥根本看不到你啊！"风风抬头找姥姥，正好姥姥被柱子挡住没找到。不过他没有惊慌，至少外表上看非常沉着，他喝道："别跟我说话啊！我不认识你！"

"可我认识你姥姥啊！"朋友坚持，口气温和。风风没吃这一套，厉声道："你再和我说话我就打110了啊！"

看来我们的演习还算有成效，陌生人想接近这个小家伙，还是有点难度的。

除了这方面之外，其他与安全相关的，比如地震求生、安全用电、防火知识、交通常识、登山涉水注意事项等等，都会在日常生活中对他进行指导，还在实际状况发生后告诉他跟大人走失后应该怎么办，在山道上应该小心什么……没有什么比生命更重要的了，安全对孩子来说意义重大。

八　无理取闹怎么办

跟大部分的小孩子一样，风风也会有无理取闹的时候，如果他的要求不被满足也曾耍赖或者哭闹。不过他这样的行为为数不多，而且也基本发生在他四五岁之前。因为他明白，不论他采用什么样的套路，最终的结果都一样，甚至，即使要求还算合理，如果他采用哭闹的方式来要挟我们的话，下场也绝对会是一无所获，所以在他身上很难看到声嘶力竭的哭叫或是在地上坐着踢脚、打滚这种"恶劣"行为。

孩子们是很聪明的，他们会按照大人的反应调整自己的行为，一次的妥协可能带来他下次更无理的要求或更大规模的哭闹，因为他会知道我们在什么样的情况下会向他妥协屈服。所以，只要是无理取闹，我们从不让步。

记得他在三岁的时候闹过一次。我们从店里出来，拉着他的手让他从台阶上往下跳，跳完了门前所有的台阶，拐了个弯进了小区，那边没台阶可跳了，快到家时他意犹未尽，让我们再带他回去跳。

我们和他商量能不能明天再跳，他开始哭闹。我说这样的话就没得商量了，他反而坐在地上哭闹得更厉害了。本来还想再带他回去的可能性也没了，我们头也不回地往家走，他在地上疯狂地哭了几声之后，发现我们已经走远，也就从地上站起来跟着我们灰溜溜地回家了。

有些事他能完全作主，有些事可以商量，有些事绝对不允许，这些规矩时间长了，就成了习惯。他明白自己想要做的事，只要合理，只要能心平气和地跟我们商量，一般情况下我们都会同意；而不合理的，就算哀求或要挟都没有用，也就不愿意再去试用哭闹的策略了。

他也有发脾气的时候，孩子偶尔的情绪发泄我是可以接受的，因为人都是需要一条正常的发泄情绪的途径，只要适可而止，我们不会过于干涉，往往是冷处理，让他自己冷静下来。

他喜欢玩各种各样的积木，有次因为表现不错，奖励了他一套接接插插的积木。刚开始的时候还不能熟练操作，经常插着插着就因某一个环节的失误而前功尽弃。次数多了风风就有点急躁了，忍耐也终于到了极限，他将手中的积木狠狠摔到了地上。

我提醒他："风风，你要有耐心，慢慢来，不能玩不好就摔东西，不然下次妈妈就不在家陪你玩了。"他把它们一片片重新捡起来再试。可是，结局还是一样，手一抖，已经快成功的积木散开了。他又烦躁地把它们摔到了地上。

他扬起眉，挑衅似的看着我的反应。我站起来走到门边，把大门打开再"砰"地关上，做出已经出去的样子。之后悄悄地闪身藏到了门边的卧室里，观察他的举动。

他自己将地上的积木重新捡起，一边竟还哼着《黑猫警长》里的那个家喻户晓的主题歌，接着玩了起来，好像不在乎妈妈去了哪里。又是"哗"的一声，还听到他大叫一句："怎么回事！"，这次他把积木扔到了桌子上了。

然后听到他穿鞋的声音，又见他神情自如地从卧室的门前经过，打开了大门走了出去。刚下了一层，他突然想起来，自言自语说："不行，小偷进来怎么办？"重又上了楼，跑进里面的房间提了一个玩具冲锋枪，雄纠纠气昂昂地出了门，将两层大门使劲地锁上。

他从单元里冲出来的时候还一副心中有数的样子。可是刚走几步就变得犹豫了，站在那里不知自己应该去哪里。他终于无助了，一脸的迷茫，冲锋枪也耷拉在手里，全没有了刚才那副神气活现了。

看他也为难得差不多了，我从凉台上探出头，正好被他看到，他赶紧冲回了家里。这次，他玩的时候再也不摔积木了，他知道发脾气摔东西，妈妈会不理他的。

　　还有一次是在他五岁的时候，我们一群人去广场散步，大家准备回去的时候他突然提出要坐那种会迈步的小电动马，我说那个太幼稚了吧，你现在大了，那是小小孩玩的东西。他好奇，非要试试。我不想影响大家的时间，跟他商量能不能下次来了再带他坐，他不同意，开始哭闹。

　　他以为广场上有那么多人，他哭得那么大声我一定会就范。我不想当众教训他，只得弓下腰在他耳边轻轻说，你别在这里胡闹，不然下次也不许坐。他不听，继续扯着嗓子大哭，无奈我只能在他的小胳膊上轻轻掐了一下，说你这样妈妈很生气，不管你怎么哭，今天就是不允许。我放开脚步走了，他在后面闹了几声，觉得没什么想头了，也跟着我们乖乖地回家了。

　　再大一点他的无理要求就很少了。不过因为淘气好动，有时他会乱闹，在有朋友或有正经事要做的时候，我通常会开玩笑一样叫他："风风，俯耳过来。"等他把耳朵贴过来，我会告诉他，妈妈不愿意在别人面前骂你，是想给你面子。妈妈也希望你能给妈妈面子。通常情况，他就不会再那么闹了。

　　我不太愿意在外人面前斥责孩子，有时他比较出格，我会暂时忍着，到和他单独在一起的时候再说。当着别人的面责骂孩子是一种双亏，不但损了自己的形象，也伤了孩子的自尊。孩子的自尊很脆弱，我认为我得保护它。

九　做了错事要惩罚

　　在孩子的教育中，惩罚是很重要的一环，惩罚重了会影响孩子的心灵健康和身体发育，惩罚轻了，又起不到一定的惩戒作用。对孩子而言，打骂是惩罚，关禁闭或是罚站，都是惩罚，而不许游戏、不许看电视也一样是惩罚。我尽量不使用体罚的手段教育他。

有段时间小风风不好好吃饭，一开饭他就开始调皮捣蛋。爸爸妈妈很生气，口头教训了他几次都不见效。有次眼看爸爸就要大发脾气了，我一把把他拉过去："不吃饭就去凉台上站着吧！"

我把他关在了凉台上，插上了门。他在凉台上哭起来，我们没有理他，他用一根棍子使劲地戳门。喝斥他几声后，凉台上竟然十几分钟都没有任何动静了。这让我们很奇怪，他能在凉台上干什么呢？打开门，我们哭笑不得，风风把所有的滑冰用的装备全都配戴在身上了，有护膝、护肘、护腕、头盔……门开时他正费力地往脚上穿滚轴溜冰鞋。原来他在自得其乐呢！

再不乖乖吃饭时，我们刚说："风风，再不吃饭就……"话还没落地，他就从凳子上"哧溜"窜下来，放下筷子就去了凉台。等追过去时，他已经开始往自己身上穿那套行头了。

这当然不能叫惩罚，我们改了地方，把他关卫生间。可他会放满满一池的水，然后把卫生间所有能漂浮的东西全都放在池子里，一个人玩得不亦乐乎，这种惩罚的方式也只得放弃。

可我们又不想打骂他，怎么办呢，最后只能让他站在某一块地板砖里，不许出线地站上十分钟，这招还算有用。站完之后，我会和他交流，问他是不是知道自己错在哪里了。一般情况下静静地站上十分钟，他也能认识到自己的错误。

为了让他学会对自己的行为负责，他犯的错误我会让他自己承担后果，这也算是对他的一种惩罚吧。有次给他写了条子去超市买辣酱，他边走边抡圆地甩手里的塑料袋绕圈玩，结果瓶子刷地扔出好远，辣酱洒了一地。他马上返回去，用手里找回的零钱又买了一瓶。

回到家，他主动自觉地跟我说了情况，并把自己的存钱拿出来赔偿。我说你这属于太贪玩不小心犯的错，要负责任，不过我用人不当也有一半的责任，我们对半吧。他脱口而说，那我只用出2.25元了！

我奇怪还没上小学的他是怎么口算出4.5的一半的，问他怎么这么快就有答案了，他不好意思地低头笑，说我在路上就已经算过了……看来我的惩罚策略他早就心中有数了，知道最好和最坏的结果是什么。

有天中午，风风带着灿烂的微笑蹭到我边上，伸出双手把我的脸捧起来亲了亲。这副小甜心的样子和他淘气多动的性格很是不符，我估计一定有什么事要求我。果然，他说："老师让我买一把拖把……"

老师怎么会无缘无故地让孩子们自费买公用物品？我说，怎么回事你说清楚吧。他贴着我的脸小声说："我和同学打着玩，把班里的拖把弄断了，老师让我们一人买一个赔……""你自己闯的祸，你自己负责啊。你的钱够了就用你自己的钱，不够的话我先借给你，有钱的时候还我就行了。"

"借给我五块钱就够了，你帮我买个送学校吧，我怕我拿不动。"他的要求又进了一步，一脸的谄笑。"不可能，又不是我把你们班的拖把弄折了。再说，你八岁了，扛个拖把没问题，吃点苦下次你就记得不破坏公物了。"我寸步不让，尽管我知道他要扛着它等公交，再坐半个多小时的车，之后再步行300米到教室，但我的原则不能改。

他比往常提前半小时悄悄开门去上学了，看来他也觉得扛个比他还高的拖把进学校实在太不好意思了。后来听他老师说，那个同学的拖把是他爸爸送过去的。不过从此之后，破坏班集体公物的事他再也没有发生过了。

对他不认真完成作业的惩罚一般是不许看电视，就算最后把作业改好了也不行。但如果改得还是一塌糊涂，那么就连游戏也不许玩了。这招一般来说也很有用，因为没有几个孩子不喜欢看电视或玩游戏的。上学前风风每天可以看半小时电视，玩半小时游戏。上了学之后，按他每周的表现情况，周末允许一小时的电视或是电脑。

风风也挨过几次打，不过次数很少，而且多是以惩戒为主。一次是他不听话，拿着药箱玩，还把小药片吃到嘴里去。我曾经阻止过他几次，但因为很难体会到吃药带来的危害，他老是记不住。这次他把晕车药的药瓶打开，开始试吃里面的小白药片。

等我发现的时候，一瓶的药片都不见了，床上有一些，也许还有一些掉地上了，但他的嘴边有很多粉末。我问他吃了多少，他也答不出。我让他喝了大量的水，又拉他到厕所吐了几次。为了让他长记性，我用手在他的小屁股上打了三下。

一次是大家一起去逛街，不知道什么时候他嘴里多了一块口香糖，问他谁给他的，他说他自己拿的，问他在什么地方拿的，他说他也记不得。我们回头走了几个店想去补上钱，可他确实记不住是哪家了，那时他毕竟才四岁，又是到了新的环境。回到家，我用晾衣架打他了的小手，告诉他不管是什么东西，也不管这东西有多不值钱，绝对不能不经允许就拿，那样的话就是偷。他哭了，但却很听话地让我打了手心三下，我想他也意识到了自己的错误。

还有一次，我们曾屡次告诫他不许在学校门口买零食，但因为很多同学都有这习惯，他有时也抵挡不住诱惑或是虚荣，会跟着买一点垃圾食品。有次白天他上学前我才又叮嘱了他，可他还是不知道吃了什么，晚上突然坐起来呕吐，把床上吐得到处都是污秽物，然后又腹泄冲进卫生间。这么折腾了一夜，大家都没好好睡。问他吃什么了，他交代在学校门口又买零食了。我说这次你记得妈妈说过的话了吧？垃圾食品能吃吗？不过因为白天才专门提醒了他，他却明知故犯，我也是在他屁股上打了三下，算是给他一个教训。

印象里记得的，也就这三次了，因为这三次他犯的都是原则性的错误。对于一般的错误，我想碰壁的效果总会要好于我的一百遍唠叨。有些不触犯原则的事我事先只做提醒，但他一意孤行的时候我不会强烈干涉，只有在他自己尝到了苦果后悔之后，才能真正体会出什么事能做，什么事不能做。

无规矩则不成方圆，而要形成规矩，赏罚一定要分明。犯了错受到惩罚，有了进步要及时给予表扬和肯定。张扬对的，本身就是对错的一种界定。明是非，孩子才能避免一味地任性或屡教不改。作父母的，也不必总要一次次反复重复哪些事能做、哪些事不能做了。

十　自己的事自己做

　　风风经常跟我出来旅游，但三四岁的时候就不用我把他当成需要抱着拉着的小孩子一样照顾了，他基本能做到照顾自己。出了门，不管是吃饭还是比赛，一般情况下他都不需要我操心，有时甚至还会照顾我，像一个小大人。

　　四岁多，带他去蒙山和崂山，他都是跟着我走两三个小时的山路步行上去的，没要求过坐滑竿或是让我抱着他，像一个不知疲倦的开心的小老虎，总是精力充沛地冲在最前面。

　　五岁多的时候，带他去湖南和广西交界的一处山里玩，他背着自己的小包，一路上像个小男人一样地照顾我，妈妈，你累吗？妈妈，你走快点，咱跟上前面一群人吧，要不不安全；妈妈，你渴不渴？妈妈，你别怕啊，有我呢……

　　出了门，他不娇气，也不胡搅蛮缠，总像个小保镖一样跟在我的左右，加上平时教过他的一些简单户外常识他也能遵照执行，所以只要条件许可，我都愿意带着他一起游山玩水，不用担心带上他会成为小累赘。我希望陪他一起行千里路，伴他一起读万卷书。

　　相比城市的其他孩子而言，风风算是自理能力不错的一个孩子了。小学一年级没有从我家直达学校的公交，我们接送了他一年。到了小学二年级之后，开通了一趟公交，交通方便了，他都是自己上、下学的。

　　正常情况下风风的一天都是这样的：早上6点他自己按时起床，有时睡过了头，到6点20的时候我会把他叫醒。起床后他自己准备早饭，内容很简单，一般都是牛奶和面包、蛋糕，再看半小时书或者读读英语，之后收拾书包，到7点左右就自己上学去了。中午的时间比较短，吃完饭他躺一会儿就又去上学了。下午放学回来的第一件事总是先回自己房间写作业，写完作业吃饭，在休息的半小时里，他会把碗刷了，然后跟我复习半小时或一小时功课，八点半之后一直到睡前的时间他自己安排，他可以选择看书、下棋或是玩游戏，九点半准时睡觉。从一年级到现在一直如此，已成了规律和习惯。

小学的三年里，我只在帮他复习的时候和他一起学习，他看书或写作业我们都做自己的事，不去监督他。我没有收拾过他的书包，没有监视他写作业，也许他的自理能力还很差，毛毛糙糙，有时很不认真，但所有他应该自己负责的一切都是他自己动手的。

生活里关于他自己的很多事，我们都放手让他自己选择。在完成作业之后，他可以自己选择怎么安排余下的时间；假期里，他自己定计划，安排自己的学习和生活。学习有进步，他自己选择要什么样的奖励，大多数的时候，他会选择要自己喜欢的书籍，他的书已经放满了家里的一个大书架，几百本之多。这些书让他很自豪，文学、科学、历史、地理、生物……只要他喜欢，或是我们认为不错的，都会当成奖励买给他。别的孩子的新年礼物或生日礼物可能很丰富，但他的基本就只有书，有时是体育用品。

除了安排自己的生活，力所能及的家务他也会承担一份，我希望他能明白，自己是家庭的一员，对这个家有他自己的责任，当然，他也有自己的权利。责权分明，孩子才能有自主性，有主见和担当。

他第一次自己做饭是在小学二年级，有天我们逛街去了，而他放学早，写完作业后可能感觉有点无聊，也有点饿，不知怎么就想起自己动手做点东西吃了。我们在超市采购了一批物品，兴冲冲地赶回家。刚进了院子就发现，我家厨房的灯是亮的，走的时候明明是灭的呢。

进单元的时候，我们猜风风在干什么，我说也许在阳台上窥视我们回来没，好及时关掉电视；他爸爸猜他一定在厨房洗水果吃。敲门进去时，风风站在门口，神态自若地说："不知道你们这么快就能回家，我在吃饭呢。"

吃饭？我知道家里除了中午剩的一点点鸡爪子和猪蹄，好像没什么能吃的啊！看他的表情有点点怪异，说不上来是惊慌还是得意，我们都往桌上看去——上面多了一盘炒鸡蛋！"我看你们没来，就自己做了饭，饿死了……"风风一边解释，一边坐回桌上，努力保持着平静淡然，就像做饭是他每天都必做的工作一样。

我心花怒放，这小子，居然可以给自己做饭吃了！往桌上的盘子里瞅了一眼，鸡蛋被炒得碎哄哄的，还夹着几个一两厘米长的大葱，再跑到厨房一看，一片狼藉！

不过我依然很欣慰，马上坐到桌边，尝了一口炒蛋，味道有点怪，里面放了很多盐和糖，似乎还有一点醋，大概他能看到的作料都放了一点，但好在他比较勤快，没有把它炒糊。"我放了油，还放了盐和糖。"风风一副征求意见的模样。我吃得"津津有味"，这会儿，味道根本不重要！"不错不错，下次不要放糖就更好吃了。"我连连夸赞。"你爱吃啊？我自己觉得不好吃呢。"风风有点出乎意料，但脸上已经露出了小有成就的自豪感。

"只要是儿子做的，妈妈就爱吃！"想起我小时候第一次做的饭，搅面汤居然把一大块面给下锅里了，还切了莲菜，也是一两厘米厚，没用开水焯就直接凉拌了。那天妈妈回来，也是如我一样，吃得津津有味，还赞不绝口。做饭的意义，对父母来说，意味着孩子懂事了，长大了，父母除了欣慰和自豪之外，还会有什么挑剔的呢？

现在风风已经可以成功地做一些简单的饭菜了，像西红柿炒蛋、西红柿鸡蛋面条、炒蛋……尽管很单调，但可以保证我不在家的时候有饭吃。有时到了周末，我会把买菜做饭的任务交给他，他像个小大人一样带上钱去超市买几样爱吃的菜，回到家认真地择菜洗菜，再精心地切成自己想要的形状，炒菜的时候经常会跑过来问一下，油里放蒜头不？要放多少盐？需不需要放点糖？他很享受自己决定、自己动手的感觉。

除了做饭之外，他的房间和书桌，我会等着让他自己收拾打扫，一些力所能及的家务我也放手让他自己做。到了周末，他会把自己的小房间来个大扫除，整理得干干净净、一尘不染，我相信"懒"妈妈才能培养出勤快的孩子。

有次他班主任打电话，说元旦的时候班里的天花板要装饰一些彩带，孩子们看看那高度，都束手无策地在下面发愁，有几个孩子去办公室找老师寻求帮助了，等老师赶过来的时候，风风一个人已经把所有的彩带都挂好了——他在桌子上又放了个凳子，让两个小同学在下面扶着，他一个人站在上面把活儿干了。

还有一次班里的门不知道被谁锁上了，要上课了，大家都站在门外进不去。风风又一次站出来，他自己想办法，到别的班借来了桌子凳子，从窗口爬了进去，从里面帮大家把门打开了。

老师说，风风的责任心很强，有着与年龄不符的、超常的主见，会自己想办法解决问题，比同龄孩子有经验有主意得多。我想，这与我们对他的放手有关。

十一　愿和孩子一起成长

一个关于孩子心里最崇敬的十个人的案例，我很早就看到过，答案无奇不有，什么周杰伦或是杰克逊之类的，但中国孩子填自己父母的却少得可怜。我问过自己的儿子，他的回答第一个就是妈妈，这让我很欣慰。我想并不是中国的孩子不会爱自己的父母，而是中国的父母没办法得到孩子从心里由衷的敬爱。

而我可以很自豪地说，我心里最崇敬的人，到现在为止一直是我的父亲。

大多数中国的父母，要不就是彻底包办了孩子的一切，要不就是根本不知道要做什么。于是孩子们也就不懂得感激父母，同时他们也不快乐。不快乐的孩子，怎么可能去崇敬父母、爱父母呢？

风风不能算一个很乖很听话的孩子，因为他总有自己的想法和观点，除非你能让他信服，不然他会坚持自己的看法。不过他也没有很多孩子身上任性、固执、霸道、蛮不讲理的习性，他明事理，懂是非，有主见和责任感。

我不喜欢用学习成绩来判定一个孩子是否是个好孩子。孩子在父母眼里，从出生就是一个天使，但遗憾的是，好多孩子进入小学之后，因为成绩不够理想，就变成了家长眼里的一无是处的坏孩子。他们不明白，孩子还是以前那个天使，就算是成绩不好，也不能抹去他们以前所有的优点和可爱之处。

在学习方面我很少给风风过多的压力，只要学校教授的知识他没有什么还没有掌握，我就很满意。为了让他有更多的时间看自己喜欢的书，有更多的时间玩儿，我有时甚至不给他定寒暑假作业。每个孩子是不一样的，我希望针对他的弱项加以辅导和补充，而不愿意消耗掉孩子好动爱玩的天性。孩子的生活应该快乐和轻松一点，更像一个孩子应该有的，而不是过早进入成年化的繁重无趣的生活状态。题海战术在国内一直是个法宝，但我个人比较排斥。

对学校留的家庭作业，我的要求一般不太严格，只要他能按时完成就好，我只检查老师改过的错题他有没有及时更正，来确定他是因为没能掌握好还是因为粗心才犯错。在我看来，孩子学习的良好情绪，要远远重要于简单的分数。对待他拿回家的卷子，只要他已经知道自己错在什么地方，并能自己改正错题我都不会多说什么。

我不想因为压力过大而让他早早失去对学习的兴趣，有的孩子在家长的威逼下，心里一边厌恶着学习，一边还在严格督促下心不甘情不愿地学着。如果一直紧紧抓着孩子，到了必须松手的一天，也许就是灾难来临的时候了。比如现在好多大学生，我估计至少有一大半的时间都浪费在了网吧或是游戏里了。

　　不过，也许是我的这种宽松政策没让他失去学习的兴趣，风风的学习成绩竟然一直都很出色，他没有把学习当成一件苦差事、一个负担，他学习起来很轻松，没有别的孩子那种紧张感。身边不少朋友的孩子从小学一年级，有些甚至从幼儿园开始就被家长下了个紧箍圈，紧紧地套住了，每天除了老师的作业，还要完成家长的作业，除此之处，还要参加各种各样的补习班，今天是英语，明天是奥数，后天是作文……长此以往，孩子成了学习的机器，丝毫体会不出生活的乐趣，学习起来也像一个踢一脚动一下的小球。

　　风风至今上过的两个班，都是在幼儿园阶段他自己选择的，一个是轮滑俱乐部，这曾是他的最爱，他坚持了三四年；一个就是跆拳道，因为那时幼儿园的小朋友总是欺负他这个"新生"，他强烈要求学习一点武术"自卫"。上了小学，他没上过任何补习班或是辅导班，有段时间他喜欢奥数，就买了本书自己在家看，自己学习。

　　相比望子成龙的家长，我对孩子的要求看起来有点微不足道。而且我也知道，他的身上也还有着很多不足的地方，但我想，这些缺点和不足就如同我对他的要求一样，只要在一定的可以被认可的范围，我都不会太大惊小怪。

　　不可能有完美的教育方法，包括我自己的教育方法在内，而孩子在成长的过程中，有一些不好的习气会随着年龄的增长而慢慢消失，而另外一些好的习性会变成让他受益终生的因素。

　　不管怎么样，我愿意和孩子一起成长，接受他的不足，纠正他的缺点，让他能在成人之后，回忆童年的时候不会想到"苦涩"和"压抑"这两个也许会充满很多人一生的词。儿子一定不是最优秀的孩子，但我想他一定是个最快乐的孩子。

孩子，你使我的生命完整

夜深

真正称职的母亲，不仅要照顾好孩子的身体，更要照顾好孩子的心灵。

一　生还是不生，这是个问题

　　20岁的时候，我非常多愁善感，动不动迎风流泪、情天恨海，加上我喜欢写写画画，私下里便有了"林黛玉"的叫法。即使在家人的眼中，我也是过于浪漫、脱离现实。为此，活泼好动的假小子一样的妹妹常常有点酸溜溜地揶揄我。不过，有一次我无意中看到了她写给朋友的信，在信中把我描绘成"好像琼瑶小说里不食人间烟火的女孩子"，并且表达了对我的艳羡。

　　20年过去了，现在想起来，我依旧会忍不住偷笑一下。之后却是感慨无限：不管什么性格的女性，都曾有过潮湿的青春和浪漫的幻想，对于刚刚展开的生命画卷，充满不安和期待。

　　但是，有哪个少女在对生命画卷的展望中，会细细构想做母亲这一重大的内容呢？反正我没有。做母亲这样的内容太琐碎、太世俗、太沉重了，它从来不曾在我少女的幻想中出现过，它被我缥缈的浪漫过滤了。

　　而一旦步入婚姻的殿堂，生育便成为一个实实在在的课题，摆在年轻夫妻的面前。

　　过去，生育、传宗接代是婚姻的最重要功能。在避孕既不具备技术上的成熟，也不为大多数家庭所接纳的情况下，生育是一件没有选择的事情，什么时候生、生多少，女性只能听天由命。在一些多子女的大家庭，儿媳妇与婆婆一起生产、坐月子，甚至儿媳妇伺候婆婆坐月子的事情，也并不鲜见。随着避孕技术的发展以及婚姻与生育的必然关系逐渐走向松散，不少夫妻选择不要孩子，成为"丁克家庭"（DINK，double income no kids），即使没有"丁克"的决心，也至少可以延缓生育的时间。

我25岁的时候结婚，在是否做"丁克"的问题上有踌躇，不过，对于延缓几年再生育是非常坚决的。少女时候的浪漫虽然已经遭遇了世俗生活的冲击，但是依旧不想完全就范：孩子什么时候不能生，先让我玩几年再说！婆婆那时候已经被查出胃癌晚期，经历了手术，然后不断地做化疗，身体状况很不好，我很理解老人家急切见到孙儿的心情。不过，婆婆是个非常聪明又有涵养的女性，从没有在我面前唠叨，只是偷偷询问儿子。而我早就把工作做到了前头，所以，当儿子的便照本宣科摆出了客观条件不成熟的诸多理由，比如没有房子、没有人手帮忙、他常年在外面跑等等。婆婆也便不再究根问底。

其实，我心里很清楚，那些客观条件的不成熟，都不是最根本的原因，最根本的原因是我对生育的恐惧，担心一个孩子的出现，把我的人生幻想彻底摧毁。我到底有什么样的人生幻想？我也说不清，就是恐惧自由的被剥夺。那时候，有一个要好的女同事，比我大三岁，已经结婚两年，还没有要孩子的计划，天天与丈夫出双入对，两人很相爱又都漂亮，简直就是神仙眷侣。两人扬言不要孩子，要做"丁克"，免得破坏了二人世界的幸福。一年以后，这位女同事意外怀孕，经过一番矛盾斗争之后，胎儿被留了下来。又过了一年，当我看到她那小仙女一样的女儿的时候，忽然第一次对拥有一个小宝宝萌发了热情，一种毛毛糙糙还不完全成形的母性隐约而生。

不久，婆婆的病情恶化，大家都明白她老人家去日无多了。春节回去探亲，还没进家门，大姑姐先悄悄叮嘱我，说为了让老人家高兴一下，告诉老人家我怀孕了，让我装一装，别说漏了嘴。我一听，心里发怵又别扭，也不知道这要咋个装法。不过想到一家人对我结婚三年都没要孩子这件事从来没有说一句不中听的，我心里也感觉歉疚，便满口答应大姑姐：好吧，我装。

一个月的时间，我承受着躺在床上的婆婆无微不至的语言关怀，心里直打小鼓，欺骗人的滋味真不好受啊。听婆婆唠叨"一点反应也没有啊，胃口真不错啊，脸色粉嫩嫩的啊"，我总是傻笑着不发一言，怀疑婆婆那么聪明的人，已经识破了我们的诡计。

假期结束，婆婆的情况依旧很不好，但是不管怎样我们也要先赶回去上班。临走的前一天，婆婆忽然提出了一个请求：摸摸我的肚子，摸摸她的孙儿。我实在不知如何拒绝，便硬着头皮躺到婆婆身边。两三个月大的胎儿，据说也就是鸡蛋大小，摸不出啥吧？当婆婆的手慢慢伸到我的小腹的时候，我还是紧张得想哆嗦、想跳下床逃走。为了不让她老人家摸到啥，我使劲憋着气。婆婆一边摸一边说："这小肚子咋这么结实呢？咋摸不着呢？"在我差点崩溃之前，婆婆终于饶了我，说好了，摸到了摸到了。我如释重负，大冬天的，我出了一身冷汗。后来，等我真正怀孕之后才明白，两三个月大的胎儿虽然只有鸡蛋大小，但是像我这种没很多脂肪的肚子，不用很费劲儿就可以摸到的。婆婆生过四个儿女，是有经验的人，她当时一定明白了我们是在骗她开心，但是聪明的老人家却故意装了糊涂。

没过多久，婆婆去世了。那年春天，我已经28岁，蠢蠢欲动的母性使我没有坚定的决心做"丁克"。既然早晚要生，28岁也不小了，筹备吧。一位非常热心的女同事听说我准备怀孕，便送了一本书给我，介绍如何科学计算合适的怀孕时间，选择一个智力、体力等综合值最高的时间，这样，胎儿更聪明健康。这正好符合我喜欢什么事情都有计划、有准备的性格，便按照书中的介绍，计算了一个最佳的怀孕时间。

真是奇怪，一旦身体中真正地孕育了生命，此前想象中的那些恐惧、尴尬都不见了，关注的东西也开始变化。最好笑的是，从前出门专门看那些美丽的姑娘，怀孕之后再出门，竟满眼都是孕妇，也不再觉得她们那臃肿的身形、蹒跚的步态奇丑无比了。

十个月的等待，最后一刻来临了。经过10个小时的痛苦折磨，我听到了新生命的哭声，我的第一个动作便是抬起手腕看了下表：上午10点35分。女性的潜力是神奇的，不管平时多么娇弱、多么无能、多么没用，都能闯过生孩子这一关。因为无法生了一半再反悔，没有退路，只准成功不准失败。

关于生产的疼痛，我的体会是，一部分来自于生理，一部分来自于心理的恐惧。确实，通常说来没有比那种疼痛的体会更让人撕心裂肺了，但是也不像影视作品中渲染的那么恐怖，鬼哭狼嚎有点过了，毕竟不是渣滓洞集中营里上大刑。为我接生的医生是我妹妹的朋友，面对熟人，反而使我更不好意思嚎叫了。其实根本顾不上嚎叫，我觉得已经使出了最大的劲，医生还是在一个劲地催促，我真担心自己因为精疲力竭而断了气。一旦孩子降生了，所有的疼痛立刻烟消云散。神奇。

创造生命的喜悦和感动，使我在医院的几天，精神一直处于亢奋状态。孩子的小床在我的大床的左手边，我忍不住一次次撑着左胳膊探头看他。两天后父母赶来的时候，惊呼我的左胳膊肿得好粗。

很多人说新生儿都一个样子，皱巴巴、红彤彤像个小老头。当了妈妈的我，发现这个说法太不负责任了，在妈妈的眼中，自己的孩子是与众不同的，一眼就能辨认出。后来大家回想当初在医院那几天的时候，孩子的爸爸、姥姥、姥爷、小姨异口同声："小孩子一生下来就是不好看啊，看北北现在多漂亮。"我坦白说："我说呢，你们一个个去看完了孩子之后都不吱声，我还纳闷呢，怎么也不夸一下。跟你们说实话，北北一生下来我就觉得他挺漂亮，看来当妈的眼光，跟别人的就是不一样。"

二 母性是一种无私而强悍的天赋

在产床上挣扎的时候，心想只要能让我赶紧把他生下来，以后什么苦我都不怕。等孩子生下来才真正明白，生孩子容易养孩子难。在孩子落地的前三个月，我几乎过着一种白痴的生活：不看电视、不看书报、不出家门，脑子里只有一个念头，就是孩子孩子孩子，眼光似乎须臾不能离开他，离开他就是失职。初为人母，一切都需要边学边干，再加上精神紧张，没有点白痴精神，还真是顶不下来。

我29岁，在家里白痴一样地照料孩子，经常忙乱得蓬头垢面。孩子的爸爸30岁，事业开始上升，得到了第一次重要的提升。也就是这个时候，我感受到他对我开始不满、开始疏远了。三四年的二人世界，他已经习惯了清静，也习惯了享受我的照料。这时候，我一个人照料孩子已经手忙脚乱筋疲力尽，而他不但不能帮我的忙，还陷入失落中，抱怨我对他不管不顾。他三十而立、事业有成，但在生活中他还是个被惯坏了的孩子，从前被父母和姐姐哥哥惯着，结婚以后又被我惯着。没有孩子的时候，他很知足，说我是个天生的贤妻良母。而这时候，他做了父亲的男人了，难道要跟儿子争宠吗？我当时实在不能理解他的情绪，对他的失望和不满也产生了，我觉得我嫁错了人，他是个适合做朋友、做玩伴的男人，不适合做我的丈夫，因为我还不够无私、不够圣母。

一次次的小摩擦，使我的心不断发凉。我也渐渐意识到，他嫌弃我的情绪中，或许还有一种强者对弱者的轻视。在怀孕生产养育幼儿的这个阶段，我脱离了工作、脱离了社会、脱离了人类文明，回归到人类的最低等状态，又被孩子累得顾不上收拾打扮，从前的小燕子变成了老母鸡。这可不就是一个弱者的形象吗？而他，事业和社会地位都开始上升，踌躇满志、春风得意，可不是强者的形象吗？

奇怪的是，作为弱者的我，这时候却不再像从前一样多愁善感、迎风流泪了。一种坚硬的、坚定的东西，似乎已经着床于内部。抱着孩子小小的柔弱的身体，我觉得自己已经重任在肩，除了孩子，别的都没有什么大不了的；看着孩子在睡梦中露出恬静的笑，我觉得所有的阴霾都立马消散，只要孩子健康成长，我的世界就是光明的。我想起鲁迅那句话，女性本弱，为母则强。我用文学化的语言来表达：如果我像少女时代那样动不动湿漉漉的，如何给我的孩子一个温暖的怀抱？

母性真是一种奇特的东西。过去，人们喜欢赞美母性的伟大与崇高。女性主义思潮兴起之后，部分女性主义者认为，对母性的过度赞美，是男权社会的阴谋，愚弄女性傻傻地无私奉献，丢掉自我，更容易被男权社会所奴役。

母性是一种自然天性，它的无私与强悍，是大自然赐予女性的天赋，这项天赋不仅有利于女性养育人类的后代，而且有利于女性走出柔弱与狭隘、走向坚定与宽广。如果说从生育这一点来看，女性的自然生理结构与男性相比天生柔弱，那么伴随生育而发酵成熟的母性，则使女性在精神上有了强大于男性的可能。

母性既然是一种天赋，也就并不需要假以"崇高"、"伟大"这样的赞美与拔高。当然，母性也绝不应该成为女性的耻辱。贬低母性的女性主义，其实也就是在贬低女性自身。承认和珍爱女性的自然天赋，并将其作为女性走向成熟和宽广的借力，才是女性主义的真义。男女平等不是要求女人等同于男人，也不是要求男人等同于女人，而是应该在精神平等的基础上，更尊重身体的差异性。

三　三岁看老，培养一个省心的孩子

养育、教育一个小生命，是一项繁重的工作，不经历的人，永远想象不出要付出多少辛苦。不过，在养育和教育孩子的过程中，喜悦和感动一直伴随着我，孩子在成长，我也在成长。

俗话说"三岁看老"。所以，小孩三岁之前的教育非常关键，一些重要的习性在这个时期都基本成型了。如果这个阶段的教育工作做得好，就会培养出一个省心的、不累人的孩子，后面的教育就会事半功倍。我的体会是，三岁之前这个阶段的教育重点在于，给孩子树立行为规则、树立父母教育的权威性、激发和保护孩子的求知欲、建立亲子之间无障碍的情感沟通关系。

溺爱这个词很有意思，溺，有"过多"的意思，同时也容易让人联想到"溺死"。对孩子不当的、过多的爱，就是将孩子溺死在爱中。这有点骇人听闻，却不无道理。注意观察一下，有些父母对孩子的溺爱，不仅是因为爱，也往往是因为懒惰。教育孩子是个很费心、很累人的事情，没有足够的耐心和恒心是做不好的。因为懒得教育，便干脆孩子想怎样就怎样得了，没有冲突没有争吵也没有苦口婆心，貌似和谐轻松。但是，恶果就是，孩子的问题不断累积，直到有一天，做父母的发现忍无可忍，但是想教育却已经感到无从下手了。

北北在1岁之前，基本上还没有暴露出什么问题，8个月开始叫爸爸、妈妈，10个月开始叫哥哥、姥姥，爱笑爱闹活泼可爱。但是，自从学会走路之后，问题就来了。太淘了，在家里到处乱跑乱撞乱动搞破坏，更重要的是，不管我怎么叫他、怎么劝说他，他总是像没听见一样，根本不把我放在眼里，对我爱搭不理的一意孤行。这样一直持续到一岁半，我感到束手无策，总不能一岁多的孩子就用巴掌教训他吧。

有一次，那个要好的漂亮女同事到我家玩，我正忙着给北北喂饭。刚吃了两口，北北就哧溜滑下椅子，从餐桌下面钻了出去，任我喊叫劝说也不搭理我。我只好放下碗，去把他抓回来，重新按到椅子上。吃了一会儿，他又故伎重演，逃跑了。

女同事向我传授经验：给他讲道理。我说他根本不听、不搭理我。女同事说，甭管他听不听，你就要一个劲地讲、耐心地讲、娓娓动听循循善诱地讲。我说，真能管用？女同事说，管用，你这样坚持一段时间，肯定会引起他的重视的。

于是，每当北北做了错事，我便在他旁边按照同事给的秘诀开始"讲道理"，开篇语通常是这样的："北北，妈妈给你讲个道理——"一开始，他还是充耳不闻，根本不搭理我。过了一段时间之后，我忽然发现，我的开篇语刚讲完，他便有了反应，抬起头，瞪着眼睛又认真又好奇地看着我。

又过了一段时间之后，"讲道理"已经成了我们娘俩之间的功课，而且一个讲得越来越从容，一个听得越来越认真。这种沟通的良性循环建立起来之后，孩子的教育有时候会变成一件乐事。比如，当他不爱吃饭的时候，会主动要求："妈妈，给我讲个道理吧。"我忍不住笑了，明白他是真的不想吃。这时候，我反而不再讲道理了，因为如果孩子确实不想吃，又何必用"讲道理"的办法引导他呢？讲道理是为了让孩子明白道理，而不是为了逼孩子撒谎，把不爱吃当成爱吃。于是我问："北北是不是真的不想吃了？"他点点头："嗯，我真的不饿，妈妈。"我说："那就先不吃，玩一会饿了再吃。"他问："妈妈真的不给我讲道理了吗？"

我说："现在是北北有道理，北北给妈妈讲道理了呀。"他心满意足，高兴地玩去了。

有不少做父母的，为了孩子吃饭的事情大伤脑筋，甚至使出各种威逼利诱的方法，为了给孩子喂上一口饭满家追着孩子跑。我从来没有做过这样的事情，我认为孩子不想吃肯定是有原因的，或者不饿，或者对食物不满意。吃饭，应该是一种自然的需求，怎么好强加于孩子呢？孩子一顿不吃或少吃点没有什么大不了的，等他饿了就会主动跟你要求了。应该谁求谁，关系不要颠倒啦。

在吃饭这件事情上，就可以看出中国的父母对孩子的爱，有时候太过紧张，也太过一厢情愿。强加的爱，不是一种理性的、健康的爱。这跟不顾孩子的实际情况而望子成龙、拔苗助长，反映出的是同样的问题。

孩子的教育一旦走上了轨道，就会变得事半功倍起来。从两岁半开始，与同龄的孩子相比，北北已经属于非常省心的孩子了。有时候我去市场买菜，或者去不太远的地方购物，带着他实在太辛苦，我便跟他"讲道理"，让他在家里等我，并告诉他注意的事项，比如不能动电器，不能动插座，不能爬窗台等等，把大约所需要的时间也跟他说清楚，他便会乖乖地在家里等我。我有个原则，从来不骗孩子，直接跟他实话实说，让他接受现实。当然，孩子太小的时候，还是不应该长时间地让他自己在家里，我一般将这个时间控制在一个小时内。

北北非常喜欢吃草莓，但是我一次不让他吃太多。买来一斤草莓之后，我一般全部洗干净，放在盘子里，然后告诉他："一次吃太多不好，好孩子要把好东西留作两次吃。"他会问我："妈妈我吃几颗呢？"我说："吃八颗吧。"他高兴地说："啊，真多！"他自己数着，吃完八颗之后，自然就会停下来。

满三岁之后，北北和我妹妹的孩子乐乐（俩孩子同岁）一起上幼儿园了。事先，我给北北描述了幼儿园的美好生活，引导他对幼儿园产生向往。单纯的北北很吃我这一套，高高兴兴地去了，下午接回家也没有表现出什么不愉快，第二天继续高高兴兴地去。乐乐却没有这么单纯，第二天早晨就哭着不去幼儿园，到了幼儿园之后，又哭着闹着找妈妈，要回家。结果，北北受了影响，回家之后也跟我说不去幼儿园了，我问他为什么，他说幼儿园不好，很多小朋友不开心，在那儿哭，乐乐哭得最凶。我做了一番"讲道理"的工作之后，北北答应继续去幼儿园。第三天早晨，我送北北步行去幼儿园。一路上，走出几十米远，北北就停下来，对我说："妈妈你蹲下，我跟你说个话。"我蹲下来，北北先亲我一下，然后慢条斯理地说："妈妈，我真的不想去幼儿园了。"我说："再这样折腾，天都要黑了。"没想到他接茬说："啊，天黑了，那我们这就回家吧。"

我被他逗笑了，想了想，还是要让孩子接受现实，哄骗他只能管一时，不能解决长期问题。于是我说："所有的孩子到了三岁必须上幼儿园，适应集体生活，即使他们天天在幼儿园里哭闹，也还是要去幼儿园，北北愿意天天高高兴兴地去幼儿园，还是哭着去幼儿园呢？"我给他的两个选择，前提都是要去幼儿园，这个前提他是必须要接受的。北北想了想，只好说："高高兴兴地。"

去了幼儿园之后，北北开始有些变化。有一次，他把我刚给买的坦克弄坏了一个轱辘，便大喊着："不好了！不好了！我要新的！"刚买的玩具就给弄坏了，我有点恼火，努力忍着，跟他说："现在不能买新的，你弄坏了，就只能玩这个坏的，过一段时间才能买新的。"没想到，他突然躺到地板上打滚，还喊着"我要新的"。我很奇怪，北北从来不会这一手，这是从哪学的？反正，对于这种要挟行为我是绝对不能买账的。我说："妈妈很讨厌在地上打滚的孩子，打滚也没用。"说完，我就去厨房做饭，不再看他"表演"。过了一会，我从客厅外偷看一眼，发现北北还在地上躺着，似乎若有所思，可能在想，怎么不管用呢？我有点着急，怕他躺在地上着凉，但还是忍住了，没去拉他，继续去厨房忙活。

又过了一会，北北抱着掉了一个轱辘的坏坦克走到厨房，说："妈妈，坏坦克也挺好玩的。"我扑嗤笑了，他给自己找到台阶了呢。我问他："是不是幼儿园里有小朋友在地上打滚？"他说："刘福俊早上在地上打滚，他妈妈就把他抱回家了。"果然是现学现用啊。孩子一打滚，家长就满足他的无理要求，以后孩子可就擅长用这一手了。我说："北北是好孩子，不在地上打滚，打滚也没有用，记住了吗？"北北点头。我赶紧表扬了他，然后承诺两个月以后给他买新坦克。说到做到，两个月之后，北北拿到新坦克，喜出望外。我又跟他一起回忆了一下打滚事件，强化了他的认识：打滚没用，妈妈不买账，做懂事的孩子会得到更多。

孩子在成长中总是会不断出现问题，作为父母，要坚持前后一贯的教育原则，遇到问题立刻纠正，让孩子懂得规则、接受规则、遵循规则。现在，关于儿童教育的理论很多，有一种理论就是强调父母要平等对待孩子，给孩子充分的自由和民主。有的父母就将其理解为对孩子不进行任何约束，完全任其自由发展，孩子可以根本不听父母的话，甚至还可以随意打骂父母。我认为这样就过头了。作为父母，确实应该了解孩子的真实愿望，尊重其真实的心理需求，但是孩子毕竟是孩子，需要正确的教育引导才能身心健康地成长。做父母的肩负着教育的重任，就必须在孩子的心目中树立权威性。孩子将来走向社会之后，要想正常、顺利地为人处世，就必须遵循基本的规则，而不可能按照自己的喜好为所欲为，所以，规则意识从小就要培养。小时候父母给予过度的自由，孩子将来面对社会就会难以适应，结果就是失去自由感。

北北四岁的时候，有一天下午从幼儿园回家之后，在走廊上撒尿，并为自己的小恶作剧有点沾沾自喜。看起来是小事情，我用水一冲，用拖把拖两下也就过去了，邻居之间都很熟悉，大家也不会对一个四岁的小孩子较真。不过，我想还是得让他为自己的不良行为负点责、付出点代价。我先跟他讲了在走廊撒尿为什么不对，然后告诉他：你自己做错了事情，要自己负责，现在，拿着抹布，去把走廊擦干净。北北乖乖地拿了抹布，蹲在走廊里吭哧吭哧擦了半天。我知道他擦不干净，目的就是为了让他经历这个过程、体会这个道理。最后，我表扬了他，让他进了家门。然后我又悄悄出去清理了一番，不让他看见。

父母与孩子之间建立起无障碍的亲密关系，对于孩子的心理安全、心理健康是很重要的。我认为，未必要培养孩子特别擅长说甜言蜜语，但一定要鼓励引导他适当地表达感情，在表达感情的过程中，有助于孩子的心灵充盈、丰富。

有一次，我去美发店染了头发，回家之后发现比我预期的红多了，非常懊恼，跟我妈妈唠叨抱怨了半天，然后去卫生间使劲冲洗，想让颜色变淡一点。洗完之后，我坐在椅子上发呆，依旧气儿不顺。五岁的北北过来，很认真地看了一会，忽然说："妈妈，我觉得真的不那么红了。"孩子懂得安慰妈妈了。我被他天真烂漫的小小关怀感动了，心头的不快立刻烟消云散。

2000年的冬天，我开始筹备跨学科考北师大文学院的研究生，北北还不到三岁，考前冲刺的两个月，姥姥把他带回了老家，让我专心备考。每个周末我回老家看看他，临走的时候，姥姥姥爷担心他难过，撕扯着不让我走，就特意把他抱出门去玩，让我偷偷走。有一次，姥爷又把他抱出了门。过了一会，他对姥爷说："姥爷，我们回家吧，反正妈妈已经走了。"原来，他对我们的小伎俩是心知肚明的啊。从那以后，我走的时候也不再瞒他了，直接告诉他真相让他接受和面对。

2001年的研究生考试结束之后，我知道自己的英语很危险，准备得不充分，加上大雪封路打不上车迟到了15分钟，整个考试过程紧张得一塌糊涂。考完之后，在电话里跟同学朋友唉声叹气了半天。放下电话，我去收拾书。坐在床上摆弄玩具的北北开口了："妈妈别看书了，反正你今年考不上了，过来陪我玩呗。"

第二年，我接着考。我天天拿着书的姿势，也影响到了北北，我们娘俩经常拿着自己的书，各看各的，各得其乐。这种阵势，一直发展到现在。每当我们娘俩各自沉浸在自己的书中的时候，我都觉得那种安宁的气氛非常纯净美好。北北从小养成了阅读的习惯，这是我非常欣慰的一点，一个擅长从书中寻找乐趣的孩子，一般不容易变坏。一个擅长从书中寻找乐趣的成年人，心灵也会更充盈，也更容易心平气和地对待生活。

北北小的时候，我们家人喜欢逗他，问他："你妈妈最喜欢什么？"他总是眼皮不抬地毫不犹豫地给出两个字："看书！"

2002年的研究生考试我比较胸有成竹。考试结束后，我便大大放松起来，妈妈从老家过来，我们俩便无休无止地闲聊。四岁的北北急了，大声说："妈妈别跟姥姥聊天了，赶紧看书！"

分数出来了，389分，我估计自己不是第一就是第二。我激动得简直不知如何是好。那天去幼儿园接北北，我第一个告诉了他："妈妈考上大学了（一直跟他说妈妈在考大学），可能是第一名。"北北兴奋地说："第一啊，妈妈你真棒，赶快蹲下来，我要亲亲你。"

四　快乐的孩子、省心的学生

　　2002年9月，我到北京读研。北北的爸爸做工程管理，大多时间不着家，家中的一切从来不能指望他的。我把四岁半的孩子和家都一并交给了我的父母。

　　在北师大的3年，我每年跟孩子在一起的时间，算起来只有两个假期，也就是3个月的时间，平时回那么几趟家，也待不了几天。整整3年的时间，我这个当妈妈的为了自己的所谓追求，把孩子撂给了姥姥姥爷。虽然孩子懂事，从来没有为此哭闹，但直到现在，每当我想起这一点，依旧感到揪心的愧疚。记得第一年冬天我回家看孩子，回北京的那天晚上，要跟孩子告别的时候，我手里拿着火车票走来走去、坐卧不宁。北北靠在床边，上半身支在床上翻着画书，眼睛并不看我，却已经明白了我的情绪："妈妈你走吧，我没事的。"我在床边蹲下，说："妈妈真不舍得走。"他立刻转过头，高兴地说："那就不走啦。"

　　平时见不到孩子，没法跟孩子面对面地沟通，我就想了个办法，给孩子写信。虽然我们都没有刻意地教他认字，但是他平时留心、好学，通过看画书、看电视、看广告牌、看菜单、看报纸，到五岁的时候，阅读一般的儿童读物已经没有问题了。所以，我给他写的信，寄到幼儿园，老师交给他以后，他都是自己就能拆开看。这让幼儿园里的小朋友们又好奇、又羡慕，他为此也感到很自豪。

　　我的父母都算是有点文化、通情达理的人，对待孩子也比较有原则，不溺爱。不过，他们毕竟有些观念比较陈旧，对孩子心理的把握更是欠缺。随着孩子慢慢长大，难免出现一些问题，每次我从北京回家，他们总要跟我唠叨半天。有一次，我刚进门，就听姥姥和姥爷在喝斥孩子。原来，乐乐的爸爸给孩子们买了一个小跷跷板，踩到上面如果能保持好平衡的话，就不会掉下来。一开始，北北和乐乐都很有兴致，踩了一会，乐乐先学会了，能在上面保持平衡了，边踩边跳。北北却仍然不会，就坚决不学了。姥姥姥爷认为，你不会，怎么还不赶紧学呢？太没有上进心了。但越是劝越是逼，北北就越是不干。

我一听，明白问题出在了哪里。示意父母不要继续拿这个说事儿，越说越僵，现在需要大事化小，模糊处理。于是，大家就一起吃饭，把踩跷跷板的事儿先搁下了。

吃完饭，我装做不经意地走到跷跷板旁边，说："这小玩意儿有意思，我来试试。"我踩上去，一下就踩了空，说："原来还真挺难学的呢。"我知道北北在远处看着我。我又踩了几次，还是不成功。我念叨："我就不信，多踩几次，我还能学不会！"北北看我有点狼狈，觉得好玩，凑了过来。我心想，哼哼，我就是踩给你看的。我赶紧说："北北，过来跟妈妈一起踩，我就不信咱俩制服不了它。"北北上钩了，兴致勃勃地跟我轮番踩，终于可以保持平衡了。而我呢，还是没有学会，我趁机表扬北北比妈妈聪明多了。这倒不用装，我是真的还没学会，嘿嘿。于是，北北开始指导我了。

原来，有些事情学得慢点并不耻辱，连妈妈也有学不会的时候呢。多学几次不就会了吗？

这就是我想通过这件事情给北北灌输的意识。不需要直接说教，整个过程就是对他的教育，他会有体会的。

还有一次，也是我一进家门，就听见姥姥姥爷在气急败坏地审问孩子。原来，北北将好几条红领巾都拿到了学校，却没有带回家。问他红领巾哪儿去了，一开始他支支吾吾不说。问了半天，他说借给同学了。姥姥姥爷认为他是在撒谎，继续责问，他就不说话了。

为什么一定认为孩子在撒谎呢？吃完晚饭，我把北北叫到了我的卧室，关上门，不让姥姥姥爷参与。

我说："北北能跟妈妈好好说说怎么回事吗？姥姥姥爷说的，妈妈听得糊里糊涂的，你给我说说吧。"

我发现，六岁的北北不像小时候那么活泼了，倒有点少年老成的意思，可能是跟着姥姥姥爷过了几年，姥姥正好更年期综合症比较厉害，孩子会受些影响吧。当妈妈的长期不在孩子身边，肯定是不好的。

北北小心翼翼地说："能。"但是并不赶紧说个原委。

我只好继续引导："你带了好几条红领巾到学校，借给同学了，是吗？"

北北点头。

"他们为什么要借你的红领巾呢？"

北北说："他们忘了带。"

"他们怎么知道你带了好几条红领巾呢？"

"是我告诉他们的。"

"他们借了红领巾干什么？"

"上音乐课，老师让我们拿着红领巾打拍子。"

我心里还是有点狐疑，因为我想象不出，为什么要用红领巾打拍子呢？但是我已经看出孩子在这件事情上有种焦虑的情绪。那么，他确实是在撒谎吗？如果是，我一定要寻根究底揭露他吗？我凭着直觉，认为这样做的效果未必好，于是决定作出相信他的姿态，不再追究。

我说："好，妈妈相信你说的话，看来，北北是在助人为乐呢，只要你是做好事，妈妈就会支持你的，明白吗？"

北北点头。

我说："那，明天你能把红领巾跟同学要回来，带回家吗？"

北北说好。

后来，姥姥姥爷说，北北真的把红领巾都找回来了。

一直到孩子八岁半，我终于将他带到了北京来上学，我可以天天看到他、照顾他了，我对他的亏欠感可以稍稍缓解了。那时候，我在石景山那边买了一套期房，还未交付，于是又在附近先租了个小房。为了孩子上下学方便，就给孩子联系了家门口的一个学校。石景山的学校本来就普通，这家门口的学校又是普通中的普通。我知道，大多数北京孩子的家长们，都特别讲究择校，从幼儿园就开始择，为了进一个"名园"，不但每年多花费几万块，而且宁愿让几岁的孩子起早贪黑。我不知道他们幼儿园到底要学什么高深的学问，需要让孩子这样辛苦地奔波。我觉得这就是一种心理病症。在北京，这种教育焦虑和攀比的心理病非常严重。有的家长为了孩子进名小学，要额外掏15万左右，就这，也是需要很大的关系才能进呢。

我就是不信这个邪，我就不信，小学阶段上个普通的学校，孩子就不能正常发展了。据说有的重点小学从一年级就作业量巨大，孩子做作业要到深夜。我倒是更喜欢普通小学作业少这一点，孩子可以有更多的自由时间玩耍、看他喜欢的课外书。我不希望在小学阶段就将孩子的油水榨干，我希望他保持着足够的弹性和潜力，去迎接中学的学习。

孩子三年级来到北京以后，因为搬家的缘故，又从石景山的普通小学，换到了东城区最普通的小学（曾经听我的一个同事跟别人念叨，那是东城区最差的小学）。我的亲身体会是，北北在这两个所谓的差小学中遇到的老师都很好，生活得也很快乐。当然，成绩更是不用说。今年小升初，北北非常顺利地被人大附中录取，从最差的小学，直接升入最好的中学。

我用北北的上学经历，可以告诉一些对孩子的教育太过功利、太过焦虑的家长，其实你并不需要付出那么多的金钱、精力和痛苦，孩子也能发展很好，关键是，你能做到坚持自己的立场不盲目跟风吗？

北北自己的头脑中，就从不在乎那些虚荣浮躁的东西，我觉得，这跟我的价值观和处事态度都有直接的关系。如果当妈妈的整天为一些小事情焦虑、焦躁、斤斤计较、愁眉苦脸，孩子怎能不受暗示和影响呢？

在石景山的那一年，租着破旧窄小的房子，每天早晨我5点半就要起床收拾上班，每天下班回到家经常就7点了，但我依旧在那个黑乎乎的小厨房里兴致勃勃地炒菜、炖排骨、包饺子、蒸包子，我们娘俩过得有滋有味的。孩子从来没有抱怨过居住条件不好、学校不好，对孩子来说，在妈妈身边，过着单纯快乐的生活就是最幸福的。直到现在，北北还经常怀念在石景山住的那一年呢。

如果说北北的学习中存在什么困难的话，那就是作文了。小时候，他的语言表达能力比同龄的孩子强，我对他的作文是很有信心的。没想到，上学之后逐渐发现，还真是没有那么乐观。三年级第一学期开始正式写作文，我很耐心地辅导了一段时间，发现还是有成效的，北北的作文经常得到老师表扬。三年级下学期，我就基本不管他了，让他自己写。有一次，他在单元测试中作文得了满分，这可完全是靠他自己独立完成的。作文的要求是：请你根据"月亮""空调""猴子""草原"四个词语编写一篇童话故事。

小狼灰灰

在炎热的大草原上，生活着许许多多的狼。这些狼的子孙非常兴旺，然而猎物却越来越少。

一天晚上，小狼灰灰一家在赏月。妈妈觉得太热了，就打开了空调。从空调里吹出来的风把草吹到了一边，爸爸发现了藏在草丛里的一只猴子，就扑上去抓住了它，然后给了灰灰一些肉，自己吃了一些，其余的给了妈妈。

可是，很长时间里灰灰就吃了这么一回肉！

有一天，灰灰饿得睡着了，他梦见自己有肉可吃了，就张开嘴，无意中啃了一口青草。它被青草的味道弄醒了。虽然青草不如肉的味道可口，但是毕竟可以填饱肚子呀！他把这件事告诉了爸爸妈妈，他们狠狠地打了灰灰一顿，说它这样做有失"狼格"。

又一天过去了，爸爸妈妈饿得永远站不起来了，只能躺在地上，看着太阳和月亮在眼前来回穿梭。而灰灰又偷着啃青草去了。

渐渐地，吃草的狼越来越多。那些不改吃肉习性的狼有的饿死了，有的远走他乡，没有一个在这里生存下来。

这就是残酷的自然法则：动物在某些情况下不得不改变习性。

孩子的这篇作文使我惊喜，我发现他的小脑袋里装着一些超出我想象的东西。我对他的作文有了信心，从此任他自己去写，不再插手了。

到了四年级以后，我发现北北的作文并没有如我想象的那样"入了门"。只要晚上的作业中有作文，他就会愁眉苦脸，迟迟不下笔。怎么回事呢？我辅导了他几次，发现这个孩子太不擅长"虚构"，也不擅长谋篇布局。三年级的时候写的大多是童话式、科幻式的小作文，他的想象力和思辨力还可以，基本能把三四百字的小文章撑起来。

我一直认为，作文很难教，手把手教出来的，可能更类似于八股文。真正写好作文，需要靠个人的悟。所以我对他的作文没有很在意，让他慢慢去体会吧。与此同时，我引导他看了大量的课外书，家里书柜中的书，不管是他的还是我的，只要他有兴趣，我就支持他阅读。只要他能够从阅读中获得乐趣，就算对作文起不到立竿见影的作用，我也不在乎。也许有一天，他看过的书，积淀到一定程度，他就会开窍了。况且，阅读的意义主要并不在于写作文。

从三年级到六年级这几年，除了适合他年龄段读的书之外，比如《鲁宾孙漂流记》、《海底两万里》、《小王子》、《夏洛的网》、《昆虫记》等等，他还看了很多成人看的书，比如《三国演义》、《水浒传》、《西游记》、《鲁迅小说集》、萧红的《生死场》和《呼兰河传》等等，最近还看了刘震云的《一句顶一万句》、麦家的《风声》、《麦田里的守望者》、《追风筝的人》等。有时候我怀疑他是否看得明白，但是看他津津有味、自得其乐的样子，知道他肯定是从中获得了乐趣。他看完《风声》的小说之后，正好我们又一起看了电影（我没有看小说），他便将电影和小说的差异，给我讲得头头是道。

　　看来，孩子的阅读能力还是不错的。作文不擅长，慢慢来吧。在我看来，擅长阅读比擅长写命题作文更重要。

　　怎样培养一个让家长省心的学生，最重要的就是培养良好的学习习惯，把学习变成孩子自己的事情。

　　北北在一、二年级的时候，晚上做作业时，偶尔我会在旁边督促一下，适当关照一下，然后让他自己做。等他做完之后，我再来检查，主要是看书写是否认真，再看做作业用的时间是否太长。如果时间太长，说明做作业时精力不够集中。那么下次做作业的时候，我会根据作业量的多少，给他规定时间，督促他在规定时间内做完。如果在规定时间内做完了，而且做得比较认真，可以给他点小奖励，可以是语言上的赞美和鼓励，也可以是小玩具、小礼物。

　　这样，上了三年级之后，北北就养成了主动、独立完成作业的好习惯。但是，有时候依旧在做作业时精力不够集中，比如一边做作业一边又想吃东西。这是我不允许的，做作业时必须全力以赴，不允许分心。如果孩子特别饿，那么我让他先吃点东西，吃完东西之后，再做作业。我知道有的家长习惯在孩子学习的时候，不断地嘘寒问暖，或者一会端来水果，一会拿来饮料，生怕孩子累着、饿着。我很反对这种做法，这种"关心"实际上是对孩子的打扰，使孩子难以集中精力。

　　我经常给北北讲的一个道理是：做完作业之后才能玩，而要想多玩一会，那么你就要提高做作业的效率（当然,太潦潦草草是不能过关的),要提高效率，唯一的办法就是聚精会神。

　　从四年级开始，北北做作业总是很主动，效率也很高，不需要我进行任何督促了。每天晚上我只是最后大致看看他的书写是否认真，然后签字。

　　至于孩子作业中是否有错误，我一般也不去细察和订正，我总是叮嘱他，好好听老师纠正答案，哪里不会，更要注意听老师的解答。

我这样做的原因有三个：一个是我希望孩子的作业真正反映出他的实际学习情况，如果我帮他都改对了，老师就不能了解孩子的真实情况；另一个是，我希望孩子带着疑问去听老师的讲解，加深印象；还有一个原因，我担心自己的讲解跟老师的讲解有出入，孩子无所适从。

当然，这只是指书本上的内容而言。如果是课外知识，我会根据自己的知识面，给孩子做些比较轻松的扩展和介绍。比如有些词语的解释，我会随口举出些生动有趣的例子，让孩子领会。

我从前有一个同事，从孩子刚上学起，做作业的时候她就全程陪读。后来孩子上中学了，还是不能独立完成作业，一米八的大小伙子了，还是嗲声嗲气地让妈妈陪着，妈妈不坐在旁边，就没有主心骨。我觉得这不但影响了家长的正常生活，也影响了孩子独立人格的形成。

小学阶段，孩子课堂内容的学习是比较轻松的。如果家庭作业不是很多的话，孩子还有不少自己可支配的时间，那么可以抽取一部分，进行有计划的课外学习。

我在给孩子选择课外班的时候，考虑了几方面的因素：一个是孩子的特长和兴趣，另一个是孩子的精力。尽量选择孩子有特长、有兴趣的课外班，而且课外班不超过两个，防止孩子花费太多时间和精力，没有了自由玩耍、自由阅读的时间。

我不赞成有些家长不顾自己孩子的天分和精力，为了面子好看，或者为了拔苗助长，给孩子报很多课外班，奥数、英语、舞蹈、绘画、钢琴等等，一个都不能少，好像少一个就落后于人了一样。这样做，一个是有可能"赶鸭子上架"，比如硬把个五音不全的孩子逼着弹钢琴，而且以考级为目标；另一个是有可能把孩子搞得身心疲惫，一个周末在不同的课外班之间疲于奔命，一点自己自由的时间都没有。我觉得，这样做不但破坏孩子的身心健康，而且因为精力太分散，可能什么都学点、什么都学不好。

北北三年级之前，什么课外班都没有上。从三年级开始，我跟他商量，选择了两个课外班：奥数和英语。奥数是他非常感兴趣的，英语是他有一定潜力的。这样，每周除了这两个课外班，他还有一部分自己可支配的时间，可以玩耍，也可以在家进行课外阅读。

由于北北养成了"学习是自己的事情"这样一个好习惯，两个课外班的学习，也都是他自己主动完成的。他的奥数课家长是可以陪听的，大多家长都跟孩子一起听课，帮着孩子做笔记，课后可以督促、辅导孩子。我给北北报奥数班的时候，依旧坚持不择名校、不择名师、就近选择的原则，正好离家一站地的地方就有一个上课点，我们几年来就一直在这里上课。数学是北北的擅长，奥数更是他的兴趣，所以我根本不需要去陪听，连接送也省了。每次上课之前20分钟，他自己背着书包从家出发去上课，下课以后再自己回家。我所要做的，只是每次课前课后询问一下学习情况，提醒一下做作业。

在这个学习的过程中，北北的精神独立和生活独立能力都得到了很大提升。

从四年级开始，北北每年春季参加多个数学竞赛，每参赛必获奖："走美"连续两年获一等奖，"迎春杯"获一等奖，IMC国际数学竞赛获中国赛区一等奖，二等奖和三等奖还有很多。

每次获奖，我都给予适当鼓励，有语言的赞美和肯定，也有一定的金钱奖励，不过这些钱不会落实到孩子自己的手里，而是我以他的名义存起来，作为他将来的学费。但是，这样做让孩子有一种成就感和自豪感，他认为自己有了赚取荣誉的能力，也有了"赚钱"的能力。

五　如果我不能给孩子"完整"的家

有一段时间，经常有人问我两个问题，或者，他们不好意思直接问，也会在心里这样寻思：你为什么在三十多岁的时候辞掉老师的工作、丢下三四岁的孩子，去北京读研究生呢？你为什么在将近四十岁的时候不顾八九岁的孩子、放弃事业有成的丈夫离婚呢？

我非常理解他们的不解。

是啊，我这个从小懂事听话守规矩的乖孩子好学生，长大之后又是公认的贤妻良母，为什么却做出了这样两件"出格"的事呢？

"现在的生活是我想要的吗？我想要什么样的生活？"对于我这个年龄的中年人来说，这样的准哲学问题，大多只有夜深梦回的时候，才敢在头脑中一闪念。闪过之后，又赶紧把自己抓回到可触摸的现实。不敢深想，因为惰性和安全感的需要，谁也不愿意去质疑现有的生活状态。谁愿意承认自己辛苦挣下的现有的生活却并不是自己想要的呢？就算承认，谁又愿意去冒险改变呢？

或许，我貌似柔弱的性格中，却有一种傻大胆儿式的冒险精神。我想通过考研颠覆一眼望到头的日子，于是我考了；我想通过离婚颠覆没有相爱只有责任、义务和道德约束的婚姻，于是我离了。

夜深梦回的时候，我睁开眼看着黑暗大胆问自己：现在的生活是你想要的吗？

虽然不能跟相爱的人在一起，但是我至少可以跟不相爱的人不在一起，过着身心自由的诚实的生活，做着可以养活自己的体面工作，培养着读书写作的高雅爱好，养育着健康成长的聪明的孩子。

　　是的，现在的生活其实正是我多年前在心中暗暗期待的。它还不够完美、不够理想，但它没有患得患失、没有同床异梦、没有虚与委蛇、没有强装幸福、没有谎言和欺骗——这对我非常重要，我热爱真实和诚实。

　　在做这两个选择的时候，我难道没有考虑过孩子吗？不，我也有过无限思量，但最终我还是狠下了心，因为我确信，在我争取自己想要的生活和做一个称职的母亲之间，并不存在必然的矛盾。而孩子幸福与否，关键在于什么，不就是在于父母能否做称职的父母吗？因为读研究生我三年没有尽到母亲的责任，使我一直不能释怀，相比较而言，离婚的选择却使我对孩子的歉疚感非常轻，因为这些年我一直把孩子带在身边，一直做着称职的母亲。事实证明，孩子所需要的，本质上不是所谓完整家庭的形式，而是一对称职的父母，甚至，只要有一个真正称职的母亲，就基本够了。真正称职的母亲，不仅要照顾好孩子的身体，更要照顾好孩子的心灵。

　　北北到北京来上学的时候，是八岁半，那一年我们住在石景山。那时候，经过几年的犹豫、斟酌，我跟北北的爸爸终于下决心面对离婚问题，基本协议已经达成。虽然北北的爸爸因为工作性质依旧很少在家，而且我们见面时也不吵不闹，但北北还是感觉到了一些东西。孩子的聪明常常超过我们做父母的想象。

　　有一次，我跟北北一起去坐地铁，我们娘俩一人贡献出一只手，合拎着一只包。北北忽然说："妈妈，如果是不了解你的人，会询问你的婚姻状况的。"我心里咯噔一下，问他："为什么呀？"北北手指着脚前的地面说："你看你的影子，多年轻！"啊，原来如此，孩子在夸我呢。那是秋天的下午，我俩的影子长长地印在路上。我于是想跟他开个玩笑，说："那。妈妈再找个男朋友咋样？"他大声说："不行！"我说："为什么呀？"他很严肃地说："那样我爸爸可就惨喽！"

到了冬天，有一段时间，北北放学回家以后经常跟我有意无意地提到"单亲家庭"。"妈妈，什么是单亲家庭啊？""就是父母分开了，孩子跟着爸爸或者妈妈一个人住。""妈妈，我们班有不少单亲家庭的学生。""噢，是吗？你觉得他们跟别的学生有什么不同吗？""嗯，好像也没有什么不同。""是吧，本来就没什么不同，他们也一样有爸爸、有妈妈，只不过爸爸妈妈分开了，不在一起住了。"

我心想，孩子对我和他爸爸的婚姻，已经有了危机感，他在不断试探我。这时候，我应该抓住机会，减缓和消除他的焦虑，给他足够的心理安全感。但是，我决不能愚蠢地用向孩子保证不跟爸爸离婚来达到这两个目的，那样做的话，就是被孩子牵着走了。作为父母，应该牵着孩子的思路走，而不是被孩子的思路牵着走。如果做不到这一点，就不是称职的父母。

冬天的一个晚上，北北八点半上床躺下了，我还有件衣服在洗着。

忽然听北北在床上大声问我："妈妈，离婚到底是怎么回事啊？有什么种类啊？"

孩子的提问还挺专业的，要我分类说明。

我心里一惊。八九岁的孩子用天真稚嫩的声音问妈妈这样的问题，当妈妈的怎能不心酸呢？孩子这是向我直接发问了，我必须直面，不能瞒哄和欺骗。

于是，我也大声说："等两分钟，妈妈洗完衣服，过去回答你的问题，好吗？"

"好——"孩子便在被窝里老实等着了。

这两分钟，我让自己的情绪镇静了下来，并且想好了对策。我把衣服晾好，来到了北北的床边，在他旁边躺下。

妈妈：离婚可以分为两大类，也就是两种情况。一种是爸爸妈妈因为某些原因经常吵闹，甚至大打出手，他们生活在一起感到很痛苦，当然啊，他们的孩子就更不用说了，看到父母这样，感到很没有安全感，一点都不幸福。这两个人就像敌人似的，当然没有办法在一起生活了，于是就离婚了。

还有一种情况呢，爸爸妈妈不怎么吵闹，也不打架，外人看起来还可以，但是他们自己总觉得在一起过日子没意思、没劲、不幸福，于是他们就心平气和地商量一下，就离婚了，都希望能找到更合适的人。

北北：哦——那小孩怎么办呢？

妈妈：小孩一般跟着妈妈，因为妈妈照顾孩子最细心。爸爸呢，一般要拿一些钱，帮助妈妈抚养孩子，因为爸爸一般比较能挣钱。这样，平时妈妈带着孩子，爸爸有时间的时候也会经常带着孩子出去玩。

离了婚以后也有两种情况，有的妈妈心态不好，天天愁眉苦脸、哭鼻子抹泪的，对待孩子也没有耐心，甚至骂孩子的爸爸，甚至不让爸爸带孩子出去玩，你说这样孩子会觉得幸福吗？

北北：肯定不会了！

妈妈：对呀，妈妈愁眉苦脸，孩子怎么会开心呢？不让孩子跟爸爸见面，孩子怎么会高兴呢？还有另一种情况呢，妈妈依然很开朗很幽默，每天高高兴兴地上班，高高兴兴地回家，把家里收拾得干干净净的。妈妈开心了，孩子会不开心吗？

北北：嗯，我跟着妈妈就很开心。不过，那妈妈会不会再找一个男人结婚呀？

妈妈：有的妈妈会，有的妈妈不会，关键是要看妈妈能不能遇到一个非常好的男人。要是遇到了一个非常好的男人，妈妈就会跟他结婚，这个男人对妈妈好，对妈妈的孩子也会好。

北北：那这个孩子就有两个爸爸啦！

妈妈：对呀！这样的话，就有两个爸爸都对他好了，要是有人欺负他的话，就有两个爸爸帮他的忙啦。

北北：哈哈——

妈妈：要是妈妈没有遇到非常好的男人呢，就不会跟别的男人结婚，就一直跟孩子一起生活，看着孩子一天天长大，最后变成一个长着小胡子的帅小伙，那也会挺幸福的。

北北：啊——小胡子、小胡子，嘻嘻——

妈妈：其实呢，那些没有离婚的爸爸妈妈也可以分为两种，一种是幸福的，一种是不幸福的。有的虽然没有离婚，但是整天吵吵闹闹，甚至刀光剑影的。

北北：小孩最讨厌大人吵架了。

妈妈：你最近经常提到这个问题，是不是担心爸爸妈妈离婚呀？

北北：嗯。妈妈会跟爸爸离婚吗？

妈妈：要是妈妈跟爸爸离婚了，北北害怕什么呢？

北北：害怕没有爸爸妈妈了。

妈妈：爸爸妈妈离婚，只是爸爸妈妈不在一起住了，但是爸爸还是你的爸爸，妈妈还是你的妈妈呀，爸爸妈妈还会跟以前一样爱你。

北北：妈妈还会带着我吗？

妈妈：那当然，妈妈不管什么时候都会带着你，让你快乐地成长。爸爸呢，还跟现在一样，有时间就会来看你，带你玩。你还有什么害怕的吗？

北北：没有了。

妈妈：那就可以放心地睡觉了吧？

北北跟我亲了一下，半分钟就睡着了。

我不能给孩子一个形式上完整的家，但我可以给孩子一个温暖、轻松、幸福的家。

孩子越来越大了，懵懂渐开，我们母子之间形成了一种幽默轻松的关系，经常相互调侃。

我正在写东西，北北在预习新概念英语（2）的课文，不断问我新单词。一开始我还挺耐心，后来思路老被打断，我忍不住说："自己查字典，要不我没法写东西了。"他拿起字典，一边查一边嘀咕："切，搞创作就是牛啊。"

我的床一般不让北北随便上去祸害。北北洗完澡换上衣服之后，我正倚在床边看书，他又过来蹭。我说："上来，跟妈妈一起看会儿书吧。"北北说："哈，妈妈，我看出来了，每当我洗完澡的时候，我的地位就提高啦。"娘俩并排在床上，各看各的书。过了一会，北北说："妈妈，你这里太高雅了，时间长了受不了，俺闪了。"

晚上炒了几个菜，其中有一个韭菜炒鸡蛋。我对北北说："多吃点韭菜，补阳气。"北北说："那你为什么也吃呢？"我说："妈妈也可以补点阳气嘛。"北北说："不要补大了，变成泼妇哦。"

我正赤着脚，跪在客厅的地上，用抹布擦地板。北北路过，发感慨道："唉，妈妈你也太勤快了。"口气不是表扬，竟是责备。

"勤快咋了，勤快还成缺点了？要不你住狗窝里啊？"

"你这么勤快，别人会有压力的。"

洗完澡，做完面膜，我坐到镜子前，除除杂草，再涂涂抹抹一番。

旁边在网上下棋的北北又发话了："妈妈，你太爱美了。"

"女人就是要爱美嘛，你将来找媳妇，难道喜欢找个邋邋遢遢不修边幅的？""反正我看不能找像你这么爱美的。"

"为啥？"

"跟我差别太大啊，不协调。"

"嗯，我明白了，你要找个懒散的、邋遢的媳妇，好跟你步调一致，那，你们家的活谁干啊？"

"嘿，我们找钟点工。"

六　孩子，妈妈感谢你

　　10岁之前，北北都是那么让我顺心如意，我们母子之间的关系也一直很和谐。但是，11岁之后，北北的变化让我几乎猝不及防。好像忽然之间，这个孩子变得陌生起来了，跟我生分了，我也难以驾驭他了。当我意识到，这是他进入青春期的前兆的时候，作为母亲，我竟然有种特别失落、特别伤感的情绪——这个孩子，不再是我可爱的小宝贝了，也不再把我当做说啥就是啥的权威了。为此，我曾经跟孩子还小的朋友说，做母亲的过程，就是一个不断失去和失落的过程，一定要珍惜孩子小时候跟你无间的亲子关系。

　　但是，孩子总是要长大的，作为母亲难道希望自己的孩子是永远长不大的乖宝宝吗？

　　冲突很快就来了。去年冬天，北北快到12岁生日的时候，我第一次动手打了他。

　　一个周五的早晨，我刚刚在单位吃完早餐，就接到了北北英语老师的短信，说北北没有带来英语课本，请我马上回家给他取，送到学校。我立刻打车回家，东翻西找。说实话，我并不认识他的英语课本是什么样子。平时我基本不管他的学习，学习是他自己的事情，我只负责看看作业是否比较认真，然后签字。心慌意乱地找了十几分钟，才在书桌上的一摞书中，找到了一本英语书，赶紧打车送到了学校，让传达室的老师给送到教室去。

　　我以为这件事情就算完了。放学回家之后，我问北北没有带英语书的事情，北北说我送的不是课本，是练习册。我以为这就算完了，反正周末他要做英语作业，自然就自己找到课本了。

没想到，周一下午，英语老师又来短信了，问北北为什么还是没有带英语书。这一次，我的火腾地就上来了。压下火气，忙着工作上的事情，心想晚上回家一定要好好盘问清楚。

吃晚饭的时候，我问起了北北，怎么今天又没带英语课本。他漫不经心地答曰：没找到。我说周末不是做英语作业了吗？答曰：英语作业没有用课本，用的是练习册。我问：那你的英语书在哪？赶紧找。北北放下饭碗，去东翻西找了一通，说：没有，可能是丢了。我使劲压着火气，问：那你打算明天怎么跟老师交代。他不说话。我继续问：你这样三番五次，就不怕老师批评吗？没想到他耷拉着眼皮说：我脸皮厚啊，我不在乎啊。

我惊呆了，简直不相信这是我的孩子。一股火伴随着绝望的情绪冲到了头顶，我的右手鬼使神差地就甩到了北北的脸上。他晃了一下，站稳了，眼泪将落未落。过了一会，北北继续吃饭，吃完了，起身做作业去了。

我一个人在客厅里呆呆地坐着，回不过神儿来。第一次动手打了孩子，心突突地跳，接到一个朋友的电话时，拿着手机的手还在哆嗦。而且，娘俩这样撕破了脸皮，可怎么圆场、怎么沟通、怎么回复常态呢？

总得先把〝脸皮〞都补起来，和颜悦色地、春风化雨地沟通，才能有效吧。用狂吼、用暴力总是行不通的。我脑子里乱哄哄的一团，寻思着该怎样找到台阶，把〝脸皮〞补起来。

过了一会，北北兴冲冲地从书房跑出来，跑到我面前，冲我撅起屁股，一边晃悠一边说：〝妈妈你看，我的屁股怎么这么多肉！〞

我回过神来，照着他的屁股拍了两下，说：〝不但肉多，还结实哪，以后就照这儿打！〞

孩子毕竟是孩子，一会儿就风停雨住了。而且，根本就没跟妈妈记仇啊。我苦思冥想的〝补脸皮〞，看来根本就不是个问题。那么，接下来就可以进行和颜悦色、春风化雨的沟通了。

这个晚上，我让北北跟我一个床睡。躺在黑暗中，交流顺畅了很多。第二天，北北借回同学的英语课本，去复印了一本。

但不久，又有了第二次冲突。北北在学校报了新概念英语（2）的学习班，每周日上午上一次课，每次课学习两篇课文。北北回家做作业的时候，我拿过他的书翻了一下，随口问了他几个问题，发现他的词汇和语法都还掌握不错。于是我问："课文能背过来吗？"北北很警惕,答道："老师不要求背课文。"我说："背课文很重要的，只有多背课文，才能有语感，你学的那些词汇啊、语法啊，才能落到实处。"北北不买账，说："反正老师不要求我们背课文。"我像唐僧一样继续念叨："英语学得好的人，都有共同的心得，就是背课文，老师没要求，那是因为大多同学现在还没有这个能力，只能跟着老师囫囵吞枣，你的脑子妈妈有信心，只要稍微下点工夫，就能背过来。"北北还是不买账，嘟囔道："我也没有这个能力，我也只能囫囵吞枣。"

我被噎得差点背过气儿。恼羞成怒，随手把书往地下使劲一摔："那你自己看着办吧！"

结果，书脊在中部被摔出了一道大豁口。北北捡起书，说："妈妈，这怎么办？"

我没好气地说："不用办，就这么用。"

过了些日子，我想：还是得想办法严格要求他，不然的话，囫囵吞枣地学半天，掌握不了多少东西，还浪费了时间。

于是,我跟北北一起制定了一个新概念英语(2)的家庭学习计划,每天一课,睡前检查。我一项一项列出了检查的项目：词汇听写、用法，句型，语法，汉译英。我把"汉译英"这项列在最后，要求我用汉语说出课文中的句子，北北要翻成英语。这是我的一个小阴谋。北北对此并没有反对。

最初几课检查的时候，我挑选着一些重要的句子提问，基本没有问题。后来，我逐渐加大了难度，把课文中的难句、长句都拿出来提问，依旧没有问题。

再后来，我几乎把整篇课文从头顺下来，还是没有问题。这时候，我确实对北北背课文的能力有信心了。

不断的赞美和鼓励之后，有一次，检查完一篇课文的汉译英之后，我说："你发现没有，你已经把这篇课文背下来了！"北北说："是你提问了汉语，要不我不行。"我说："不信你背背看，这次我不提问汉语了。"

北北终于放弃了对抗情绪，尝试了一下。结果，只有两个地方出了点小差错。

从那以后，北北不再对抗背英语课文了。

前一阵儿，姥姥和姥爷来北京，看到北北的新概念英语（2）课本，对那个中间断裂的书脊十分不解，询问北北，北北却笑而不答，似乎顾及到妈妈的面子和形象。

那一瞬间，我有点儿感动。我暗下决心：不管再遇到什么恼人的事情，都要克制住，找一个比暴怒发作更聪明的方式来解决。

今年春节过后，忽然发现北北进入青春期了，生理急剧变化，但是个头却几乎没有长，春节的时候164，半年之后165。这太急人了，也太吓人了。

在网上搜索了半天，我决定先去医院咨询一下。一个周末，我起了个大早，正好身体不适，早饭也吃不下，就直接奔医院挂号。

春节的时候12岁，164的个子属于比较高的，现在12.5岁，165也还不错，但是生理快速发展，我担心他早早成人早早不长了。从出生到不断长大，北北的身高一直在较高的水平，加上他的骨架和模样都像姑姑，大家就一直期待着他也继承姑姑的身高。姑姑170，典型的北方大骨架、长手长脚，50多了身材也不走形，很匀称。所以，我们对孩子的身高期待一直是180。

好容易排上了号，跟医生说了一下情况。医生说："是不是骨缝已经闭合了呢？那就不能再长了。"

我一听，立刻脑袋轰鸣。赶紧问："怎么会出现这种情况？孩子才12岁半，就不长了？"医生说："这种情况肯定是发育中出现了问题造成的。带孩子来测测骨龄吧。"

我赶紧往家赶。脑子里不断搜寻着孩子成长过程中的细节，可能是这样不对？可能是那样出了问题？要是我这当妈的犯了错耽误了孩子，可怎么办呢？要是孩子为此痛苦埋怨我，我又怎么给孩子交待呢？

回到家说了情况。北北说："有啥好查的呀，就这样咋了，有啥不正常的啊？"我说："医生让你去，给你测测骨龄。"

路上，看着北北一脸满不在乎的样子，我想：这孩子也够心宽的，唉，我还是得给他打个预防针。

我说："孩子啊，要是咱们再不长了可咋办啊？就现在这么高，可咋办啊？"说是给孩子打预防针，其实也是想疏导一下我自己的焦虑。

北北说："有啥了不起的啊？反正我不是侏儒，90厘米以下才算侏儒嘛。"

我说："跟侏儒比，咱们确实高多了。"

北北说："就是正常人，我看也有不少没我高的嘛。要那么高干嘛，虚荣不就是好看点吗？我不在乎。而且科学研究说个子矮的人寿命长。"

我被北北的话逗笑了。孩子乐观，没有痛苦不堪，也没有抱怨仇恨，这太让我安慰了。心里虽然酸酸的，但是我忽然镇定多了、轻松多了——如果真的骨缝已经闭合了，那就跟这个乐观的孩子一起接受残酷的现实吧。

我开玩笑说："那要是真的不再长了，咱们就向邓小平、拿破仑学习，咋样？"北北说："没问题。哎呀妈妈，没那么严重，不要那么悲壮嘛。"

检查结果出来，还好，骨缝没有闭合，不过骨龄确实超前了，是13.5岁。医生说孩子吃饭太多、吃肉太多，生理容易发育太快，骨骼也就随之早早闭合了，所以需要控制饮食，加强锻炼。

按照现在的骨龄和身高推测，孩子的成年身高大约在175。经过了165的恐惧，我已经对175很满意了。

此后，北北非常自觉地将饮食减下了1/3，肉更是很少吃了。这对于胃口一直特别好又特别喜欢吃肉的12岁孩子来说，真是需要点儿自制力。有时候做了他特别爱吃的饭菜，我忍不住劝他多吃点，但他依旧毫不动摇。

也可见，北北并不是不在乎自己的身高。如果真像他去医院检查之前标榜的那么不在乎，他怎么会这样坚定地节食呢？

看来，北北懂事了，懂得安慰我了。只是，他不再像小时候那样直接表达了。

不要试图

做完美的妈妈

张晓彤

单纯把自己定制成完美妈妈，一味追求方方面面的肯定，只能让自己陷入误区，把孩子拖入痛苦。

一 一人扮演多个角色

　　单身上班族妈妈是目前国内职场中与日俱增的一批女性，她们为了独自养育孩子，保证家庭生活在一定质量下正常运行，以青春已逝之身，凭一己之力努力拼搏在职场之上。与那些精力旺盛意气风发的青年，年富力强资本雄厚的中年男人同台竞技一决高下，与那些如花似玉青春荡漾的"白骨精"，与那些家庭幸福后盾强劲的职场妈妈们拼杀搏击互较长短。

　　这些单身上班族妈妈们，为了确保"家"的内涵不因失缺一部分而失衡，也就不得不日复一日地扮演着不同类型的人物，在众多的角色之间不断切换。

　　也正是因此，很多夫妻生活、婚姻家庭名存实亡的上班族妈妈，因为害怕做单身上班族妈妈养育儿女困难重重，宁愿选择在痛苦现实中挣扎，也不愿意面对单身上班族妈妈的艰难。

　　谁不希望家庭和睦，小日子过得平静安逸呢？纵使天天吵闹、日日烦忧，也不敢面对单身上班族妈妈的艰难，足可见做单身上班族妈妈有多么的艰辛。做出这一选择的妈妈们，需要足够的勇气，更需要超人的毅力。在走出这一步之后，她们必须懂得坚强，学会磨练坚韧的意志。同时，也要学会给孩子一个温暖、不缺失家庭欢乐的小家。

妈妈的角色

　　对于职场上的单身女性而言，在日趋激烈的竞争环境中，只要扮演好自己的职场角色即是成功。而对于单身上班族妈妈来说，她们不得不扮演着多重角色，以至于时常会感觉力不从心，严重时会表现出心力交瘁。

首先，她们无可逃避地要扮演好妈妈这个角色，这是从那个生命雏形被植入身体那天开始，她们就必须要承担的义务，这个职责不允许放弃，不接受辞职，不可以逃避。也就是说，她因为选择了做妈妈，也就只有努力做个好妈妈，做个称职的妈妈。包括她们自己在内，谁也不会愿意孩子有个坏妈妈，一个对孩子不负责任的妈妈。

然而，当一个由父母双方共同支起的安全岛失了一方时，单身上班族妈妈就不得不独自承担孩子的抚养教育责任。因为多数妈妈会觉得，孩子小跟着爸爸会照顾不周，再有个新妈妈加入其中，孩子说不定会受委屈。每当这个特殊时刻来临时，妈妈们多是会义无反顾地把孩子拉到自己的羽翼之下，倾尽所能给予孩子温暖和爱护。

也是从那一刻开始，妈妈这个角色就不再是单纯的照顾好孩子吃喝，没事给他们讲讲故事，关心他们的起居游戏，注意衣服增减，保护他们的身体健康。作为重回单身却又多了一个孩子的妈妈，她们不得不考虑孩子的教育费用，生活费用，医疗费用，还有更多的意外支出。由此，她们责无旁贷地要在职场上打拼出一席之地，需要比之前更有战斗力，更能把握机会，以保证生活质量不会因为单亲而下降，不会因为收入减少而发生危机，不会因意外情况而入不敷出。

小慧三岁那年，爸爸在突然告诉妈妈自己需要自由之后，离开了她和妈妈，从此与另一个漂亮女人远走他乡杳无音信。小慧妈妈本在一家国有企业做行政文员，工作稳定但收入一般。当她毫无心理准备地成为单身上班族妈妈之后，留给她的不仅是孩子爸爸背叛家庭抛弃母女的蚀心之痛，更多的是前所未有的压力。她面对着失去男人的家，她不得不考虑住的成本，吃的成本，孩子上幼儿园的成本，将来孩子上学的成本……

在所有这些成本累加之后的数字面前，小慧妈妈只能做出一个选择，那就是拼命地工作。然而，即便是她拼命地做事，因为所处企业和岗位的限制，她面前数字的压力丝毫不见减轻，反而更让她透不过气来。

最终她破釜沉舟走上了离职再就业之路，独自带着已经快上小学的小慧，来到北京寻找发展机会。初到北京，在大学同学的帮助下，小慧妈妈在一家私人企业里度过了三年无日无夜的创业期，得以做到高级白领阶层，获得了较好的收入来保证"家"的稳定。连续三年搏命般的战斗，让她获得了事业上的飞跃，却让她时常觉得对不住小慧。因为，她不得每天把小慧放在托管班里，或是由保姆来照顾。数字压力之下，她拼出了一片天地。然而，作为母亲，她总是念叨着自己不称职。

哪个单身上班族妈妈不想和其他妈妈一样，时常陪孩子游戏，偶尔带孩子旅行呢？她们何尝不想像其他妈妈那样给孩子开开家长会，辅导孩子完成家庭作业呢？她们也盼望有一天能够给孩子讲着故事看他们入睡，哼着歌谣看他们微笑着入梦。然而，她们无一例外地为没有时间做这些简单的、别的妈妈经常做的事而深感愧疚。

其实，单身上班族妈妈并不需要为这些而心存不安，她们并不是自己所认为的不称职的妈妈。孩子随着年龄的增长，以超过从前孩童的认知能力，他们完全可以领会单身上班族妈妈的艰辛与困难。他们不但不会责怪，还会更加深刻地爱自己的妈妈，尊敬她们的勇敢，感谢她们的付出。

就像已经初二的小慧，当她对着我们说到妈妈，总会一脸骄傲，告诉我们她妈妈非常棒。而在看着妈妈努力的过程中，小慧也懂得了分担和懂事的重要性。一直以来很少让妈妈操心，更是具有超过同龄孩子的自理能力。

而妈妈们却始终因为感觉自己的角色扮演不佳，时常会发自内心地对孩子满怀歉疚，导致在教育孩子的过程中说深了怕伤害，说浅了怕不管用。

其实，妈妈们的这些顾虑大可不必，因为孩子有很好的识别能力，他们知道妈妈是忙碌的还是清闲的，对于要养家的妈妈他们理解多过不满。只是，单身上班族妈妈要注意到孩子的心理变化，更多地抽些时间与他们交流，即便孩子睡下了，你只要轻轻躺在他们身边，他们就会感到踏实安全。

陪伴与沟通并不一定是天天玩在一起，整天和他们形影不离，母子之间的情感，有时候只需要肌肤接近，就可以实现。当然，也不能由此就代替了和他们的谈话和游戏，在时间允许的情况下，每周一次的聊天或是外出还是必须要做的。只有这样，他们才会更加明白妈妈的辛苦，更能感受到母爱并没有因为单亲或是妈妈工作太忙而短缺。

员工的角色

单身上班族妈妈除了必须扮演好妈妈这个角色之外，还有另一个同样重要的角色要扮演，那就是员工。对这个群体来说，应该叫职场斗士更为确切。

别的员工可以选择尽职尽责地做事，也可以选择能混则混地占着位置不出活儿，还可以选择但求稳定不求收益。而单身上班族妈妈却不可以，因为她们要独自支撑一个家，还要为孩子的未来做准备。那么，她们唯有全力以赴拼尽精力、体力，在她们的职场词典中只有"成功"，不允许有"失败"。

每一个单身上班族妈妈都要选择一份工作，在工作的时候不管遇到什么样的困难，她们头脑中闪现的一定都是同一个画面，那就是她们的心肝宝贝，而这个画面的出现就决定了她们必胜的决心和勇气。她们无一例外地要成为称职的员工，争取做优秀的员工，不惜代价搏到精英员工。

在员工这个角色上，她们是没有选择权的，不管在国企、私企、外企还是个体商户，她们只有也必须成为优秀者。如果说，扮演妈妈的角色时，她们会有许多遗憾留下，那么在做员工的角色时，她们根本就没有留下一丝遗憾的权利。

某大型集团公司运营总监梅，一个家里有着十二岁儿子的单身上班族妈妈。

在职场中她是一名老板赏识员工钦佩的高管，站在高位之上，许多人问她从员工到高管的成功秘诀所在，而她的回答简单明了：因为我是单身妈妈。

梅的老公离婚后按协议每月支付200元抚养费给她，然而物价在涨，教育费在涨，交通费在涨，所有支出都在涨，只有这200元抚养费十年如一日不曾涨过。

梅需要给孩子交学费，交学习班费，交家教费，买日常生活用品，带孩子看病。200元，连一顿像样的大餐都不够吃一次的，如何能够很好地养育一个孩子呢？

在残酷的现实面前，梅只有华山一条路可走，那就是把工作做到极致。从变回单身员工开始，她一天拼出别人几天的活儿，保持了长期的业绩冠军头衔。做主管，她曾经连续三个月不休息，把别人做不下来的区域连续攻克；做经理，她几乎每天加班到晚上10点以后，不管多忙多累，也要把工作做到老板夸赞、员工佩服。

几年前，梅一场大病初愈，恰逢公司迁址，她居然连续72小时没合眼，直到累倒在新办公室的地上。这样的员工老板怎么能不喜欢，不赏识，不重用？她的成功正如她所说，因为她是孩子的妈妈。她所有努力的原动力只有一个，那就是把孩子健康养大，让他不受委屈，让这个只有妈妈的家能够衣食无忧、生活富足。

许多人不理解单身上班族妈妈，认为她们做事过于强横果决不留余地，机会面前争强好胜，时刻都保持着领先之心毫不掩饰。甚至会认为她们为了向上爬不惜代价，为了迎合领导不择手段，为了高薪高职机关算尽。

殊不知，这不是她们自己要选择的生存方式，而是她们的现状决定了她们的做事风格。对于单身上班族妈妈而言，她们没有机会输，也根本输不起。她们的前进的方向只能是一个，向前，向前，再向前，退一步都会产生生存的危机。

如果说，其他女人输了可以回家趴在老公身上哭诉，可以赖在妈妈怀里寻求安慰。那么，单身上班族妈妈却只能是为了明天的生活而焦虑，为了孩子的未来而不知疲倦。所以，她们不能输，她们只有打败一切对手，成为最出色的员工，才能撑起一个家。

爸爸的角色

单身上班族妈妈最难扮演的角色既不是本位的妈妈，也不是决定生活来源的员工，而是孩子已经不能常见，甚至是常见不到的爸爸。在单身妈妈的家里，父爱的缺失会造成孩子成长过程中，阳刚勇武一面的缺失，更会造成孩子心理发育上的诸多问题。

为了不至影响孩子的成长，单身上班族妈妈在扮演好前面两个角色之外，毋庸置疑地也要完成爸爸的角色扮演。所谓慈母严父，在教育孩子的过程中，爸爸的威严与宽厚，睿智与幽默，阳刚与健美，都是孩子耳濡目染、潜移默化的亲子教育中不可或缺的重要组成部分。在现实社会中，一部分男孩子由于过度依赖母亲，长期生活在以女性为主的环境中，导致性格中雄性意识的缺失，在步入社会之后表现出或多或少的女性化特征，待人遇事胆小怯懦，缺失了阳刚之气。

而成长中的女孩，因为缺少父爱，会失去安全感，出现异常性格倾向。这些女孩往往会显得敏感多疑，对人或强势或怯懦，有些甚至偶有暴力倾向。她们的内心脆弱易受伤害，拒绝对人暴露真心，长期处于内心戒备状态。其中大部分会过早依恋男性伙伴，出现早恋的现象，这种倾向主要是由于她们内心的不安全感造成的，她们要获得的并不是恋人，而是依靠。

所以，单身上班族妈妈们不得不在努力拼搏之外，腾出时间投入精力，用爸爸的口吻与孩子交流，用爸爸的体魄做一些力所不及却不得不示范的事情。大多数单身上班族妈妈，都能够独自处理家务中一般由男性完成的工作，诸如换灯泡、清理下水道、搬动家具等等，一系列双亲家庭妈妈不会去做的事情，她们都必须无条件地完成。

即便是这样，单身上班族妈妈也还是不能够使孩子获得爸爸的感觉。她们不得不借重亲戚中的男性来辅助完成，如自己的父亲、兄弟，或是朋友、同事中的男性，以弥补家庭中父爱的缺失。

小磊的爸爸在离婚后每周都会接他去奶奶家，但由于工作忙加之已经再婚，总是放下小磊即自行离开。小磊的记忆中没有多少爸爸的痕迹，爸爸带他游戏的段落早已模糊不清，爸爸只是那个每个周末都会接自己的陌生人。

分开四年，小磊已经从四岁的幼儿园中班娃娃，长成八岁的小学生。可小磊眼中的爸爸，是那么严肃的一位中年男人，对待爸爸他一直保持着客气的态度，甚至有几分畏惧。他几乎与爸爸没有对话，看见他就不由自主的胆怯，爸爸也只是偶尔问一句学习好坏，从来没有谈过天，问过其他。

小磊的妈妈是标准的单身上班族妈妈，虽然她一直请自己的小弟抽时间陪小磊聊天，偶尔也会带小磊出去玩，但这毕竟不足以替代父爱。小磊妈妈尝试着自己带小磊去玩攀岩，打真人CS，参加一些男性适宜的活动，却始终无法使小磊更有男子汉气质。在小磊身上，男孩子的阳刚之气极为鲜见，反而时时处处表现得胆小羞怯，害怕与人接触的小女生模样。小磊妈妈非常担心，却又没有任何办法，只能是努力地用爸爸的口吻与他交流，却让小磊感觉妈妈越来越不亲近了，越来越严肃了。

爸爸这个角色，是单身上班族妈妈最想扮演好，却永远也扮演不到位的角色。这不是简单的你敢于迎接挑战就能够取得胜利的战斗，它不同于做职场精英，只要努力奋斗不断进取就会成功。这场性别差异战，是单身上班族妈妈参与的一场难以突围的战斗，只有真正的爸爸，才可能获得实质上的成功。

有些单身上班族妈妈试图通过新男友来完成这项任务，这样的尝试是更加危险的举动。因为，单纯为了培养孩子而接受一位男性，有可能造成孩子的抵制或反感，妈妈们的努力恐怕最终会适得其反弄巧成拙。

最好的办法是不要因为单身了就不让孩子接触爸爸，定期的让孩子与爸爸相处、交流，对于培养孩子性格的完整性不仅是有益，更是有决定作用的。然而，许多单身上班族妈妈都不愿意这样做，个中原因各有不同。

一种原因是分开时双方关系已经闹僵，再见面都视同仇敌，平日说话都不屑于提对方名字，更不要说让孩子见他、跟他走。再有一类原因，是由于当初单身上班族妈妈是受伤害的一方，憎恨已经大过双方对孩子共同养育的需要，以至在孩子面前痛说爸爸的恶劣行径，以此来分化孩子对爸爸的感情。还有一些是类似小磊爸爸那样的，孩子管是会管，就是管而不理。最可怕的一种，是有些爸爸退出了孩子的生活不再出现。

不管哪种原因，其结果都是造成孩子无法正常地感受父爱，甚至对爸爸充满畏惧或是厌恶，有部分孩子到成年之时对男性产生怀疑或是充满强烈敌意。

解决问题就要解决根源，爸爸这个角色的扮演应归于本位，由爸爸自行扮演。让孩子与爸爸接触并不等于证明妈妈当初错了，这与爸爸妈妈之间的矛盾本质上无关。爸爸也不能因为孩子归了妈妈就彻底撒手不管，双方婚姻关系结束不代表父子（父女）关系结束，为了孩子的未来，爸爸这个角色妈妈是替代不了的，爸爸也无权推卸。

作为单身上班族妈妈完全可以定期通知爸爸来看孩子，如果自己不愿意参加，可以让他们外出或是把房间腾给他们，让他们有时间有空间相处。遇到孩子假期，可以安排爸爸单独带孩子去旅行，去郊游，以增加孩子与父亲相处的时间。

如果能够有一个孩子接受、喜欢的男性朋友，当然也是一个不错的选择，只是要逐步地让孩子自主接受，而不能强行推到孩子面前，让其必须接受。想靠自己完成父爱的补偿，或是屏蔽爸爸的出现，是单身上班族妈妈最不可取的行为。

朋友的角色

孩子的生活中不能少了朋友，对于现实中的单身上班族妈妈来说，做好妈妈、干好工作、替代爸爸之外，还要努力承担起孩子朋友的角色。这绝不是因为孩子周围没有同龄人，也不是孩子们不愿意对外接触，而是单身上班族妈妈有着自己的无奈。

现在的家庭中，独生子女是大多数，单身上班族妈妈家也不例外。而对家庭中人口过少，特别是与父母分开单独居住的单身上班族妈妈来说，孩子伙伴的缺少更是无法回避的问题。

孩子如果上幼儿园还好，至少在园期间有小伙伴在一起，回家之后由于妈妈忙，街坊邻居接触就会比较少。待到上学之后就比较麻烦了，单身上班族妈妈工作本就异常繁忙，如果孩子下学没有直接回家她们就会慌乱，就会充满担忧，就会胡思乱想。所以，妈妈们一般都会要求孩子下学马上回家，自己通过电话或是亲人来监控。可家里除了空房子再没有人了，孩子会感到孤独寂寞，胆小的会产生恐惧感。

有些单身上班族妈妈选择让孩子上寄宿学校，可这并不能解决孩子孤独的问题，因为在这类学校里，管理类似军事化，孩子没有充分的交友时间，下课了也要在生活老师的带领下写作业或是复习。而且，上条件较好的寄宿学校，需要付出高额的费用，对于一般的单身上班族妈妈来说，这无疑是一笔巨额支出，有可能会导致家庭生活困难，多数妈妈根本就无力支付。

把孩子交给自己父母，也是单身上班族妈妈中一部分人的选择，这个选择同样无法解决孩子孤独的问题。因为老人行动迟缓，孩子天性好动，两代人之间的距离过大，没有共同语言，缺少适龄活动。孩子和老人生活只解决了他们回家没人照顾的问题，而缺少伙伴的问题却难以得到解决。

所以，许多上班族妈妈不约而同地选择了自己扮演孩子朋友的角色，努力在本已不多的空闲时间里与他们玩，与他们聊天，与他们外出。然而，毕竟自己已经是成年人，如果孩子真的把妈妈当做朋友，有时会有种上当的感觉。

同事丽娜的儿子上五年级，丽娜回家喜欢和儿子东拉西扯地谈笑，时常说笑打闹起来如同一对孩子。儿子对丽娜没有戒心，遇到什么都立即找妈妈讲，想到什么张嘴就对妈妈说。

一天儿子晚上看见丽娜就说，他们班后转来一位女同学，长得特别像唱歌的蔡依琳，学习又好人又漂亮，班里的男同学们都喜欢她。丽娜听了不自觉神经紧张起来，再看儿子神往的小眼神她不由得如临大敌。一个没忍住，冲口就对儿子进行教育，一再强调他还小不该想那些乱七八糟的事。

讲得正在兴头上的儿子一下子愣住了，然后就紧闭小嘴一言不发。丽娜试图再教育儿子一番，孩子却是一脸不高兴地回自己屋了。丽娜害怕儿子早恋，又再打不开儿子的嘴巴，只好设法监督他的行踪，趁儿子不注意检查他的书包。

结果很失败，孩子发现妈妈跟踪还翻自己东西后，立即表现出强烈反感。他对妈妈生气地嚷，你让我拿你当朋友，我告诉你心里话你却像别的妈妈一样，对人家一点也不信任。孩子失望地认为妈妈和自己做朋友是种骗人的行为，丽娜和儿子朋友式的关系宣告结束。

在孩子的成长过程中，与同龄人为伴是极正常的需求，单身上班族妈妈不仅不该阻止，还应该给予支持和鼓励。只是，妈妈们对于自己管控时间以外的孩子，有种强烈的害怕失去控制的忧虑。孩子不在计划时间内到家，她们就会感到不放心，妈妈们希望能时时监控到孩子，如果不能，就宁愿把他们圈禁在家里。有些妈妈甚至探讨，是不是可以在孩子身上装个GPS。某些幼儿园为了迎合这些妈妈的需求，给教室装上监控，让妈妈随时能在网上看到孩子学习、吃饭、睡觉、游戏。而事实上，这种做法对孩子是一种不尊重，更是一种限制行为。

可是，毕竟在工作与孩子之间，单身上班族妈妈是不可能拿出大量的时间陪伴孩子的，也无法真正理解孩子的思维、孩子的需求。再者，孩子本就应该生活在孩子的世界里，就应该与同龄人玩闹、说笑、淘淘气、捣捣乱、写写画画。

作为妈妈，首先要给他们一些时间，让他们把同学、小伙伴带回家，一起写作业、做游戏，或是和别的家长一起，带孩子们到公园共同活动。

不管妈妈们是如何的不放心，孩子总是要走出门去见世面的。试想一下，一个十八岁的孩子出门十里找不到家，看见生人就害怕，坐车就心慌，作为妈妈是不是会急疯呢？

单身上班族妈妈的担忧可以理解，却绝对不可取。简单地把孩子圈禁在学校，或是托在老人家里不是解决问题的好办法，只能让孩子渴望交朋友、有伙伴的心受到压制。

真正的好办法，是教导孩子交一些了解家庭情况的伙伴，告诉并鼓励他们一起去做一些有益身心的事情。如同经营一个家，需要给另一半空间一样，孩子也需要妈妈给予空间，让他们体会和小朋友在一起自由地玩耍，快乐地游戏。

单身妈妈大多数都给孩子的空间太少，让孩子感觉被束缚，长大些就觉得是妈妈对自己不信任。长期生活在孤单状态下的孩子，或多或少都会产生性格异常、不会与人交往、缺乏自信、过度敏感等问题。

不过，也有一类妈妈，干脆开放管理，即什么也不管。保证给钱给时间，从不管孩子交什么样的朋友，也不管钱用哪里，时间用来做了什么。妈妈们自己没时间也没精力过问，感觉孩子能够自己控制好自己。

无论是妈妈监管还是妈妈不管，都是错误的教育方式，适当给予孩子空间，用心指导他们择友，才是好妈妈的育儿之道。

启蒙老师的角色

每个妈妈都是自己宝贝的第一任启蒙老师，孩子来到这个世界的第一时间，他或她看到的、听到的、感受到的就是妈妈的声音、气息和体温。所以，不管你是全职妈妈、上班族妈妈，还是单身上班族妈妈，哪一个妈妈都要扮演这个角色。

阿霞生下女儿美美不到一年就离了婚，因为婆婆嫌她生的是女儿，一直数落她肚子不争气。而美美爸爸始终站在婆婆一边，动不动就找茬和她吵架，阿霞只要还嘴他就几天不回家。

决定做单身上班族妈妈不难，真正做起来才体会到，这样的日子难上加难。夹在工作与带孩子之间，阿霞为了房租和生活费，不得不把美美送到了远在异地的姥姥家。孩子自此只有一年中的长假期才能随姥姥来到妈妈身边，或是等到妈妈回去看她。

阿霞想，反正孩子是自己身上掉下的肉，再分开也是母子连心。何况，自己迟早会把她接过来，那时候再培养感情也来得及。

美美六岁，阿霞在北京有了房子，她做的第一件事就是马上接美美回来上学，还时常带她出去玩。母女感情倒是没受太多影响，毕竟孩子不在身边时，阿霞也是逢节必回，每天电话必打。可是，孩子在自理能力和外界接触能力上，都比同龄的孩子差了一大截儿。

当初阿霞只想到美美姥姥姥爷都是知识分子，孩子放那里启蒙教育一定没问题。但是，美美忽略了一点，孩子的启蒙教育并不只是学说话，认几个字，还包括肢体语言、行为教育、情感启蒙。美美在姥姥家被照顾得过细，许多基本的生活小事都不会做，六岁了还不会穿鞋系扣子，吃饭不喂还会吃一身。特别是待人接物上，孩子在姥姥家接触外界少，遇到生人美美会立即躲闪藏在家人身后。如果亲戚朋友来，人家要接近她，她还会紧张做出喊叫挣扎的反应。

对于单身上班族妈妈而言，孩子完全放到别人那里的确可以更投入工作，取得不俗的职业成绩，保证或是提高家庭的生活水平。可是，孩子启蒙老师的角色被他人代替，其不良后果短时不会被发现，而最终会如何是单身上班族妈妈不能预见的。

大多数单身上班族妈妈都努力地扮演着孩子的启蒙老师，抓住每一分钟与孩子接触的时间，身体力行地示范给孩子生活的基本能力、做事的基本态度。

其实，这个启蒙老师并不需要时时刻刻守在孩子身边，也不必成天给孩子上教育课。只要每天有那么十几分钟来与孩子接触，让孩子在母亲身上看到真实的生活片段，学习妈妈做事的样子，听妈妈如何讲话，看妈妈如何待人，就可以满足孩子观察生活学习做人的基本要求。

然而，这看似平常的每天十几分钟，对于单身上班族妈妈来说也是一件不易完成的任务。她们的时间更多地被工作挤占，加班加点是这个人群的家常便饭，停休少休是这些妈妈的生活常态。因为，只有超乎寻常的付出，她们才可能在经济上安全，而经济上的安全，才是单身上班族妈妈最大的追求。有孩子的她们，从来都经不起一点经济危机。

因此，扮演好启蒙老师的角色，对于她们而言是必须做到、却难以做到的。如何破解这一难题呢？单身上班族妈妈都是非常有智慧的。

小娴的妈妈运用的是加班带孩子的办法，周末公司加班她都会带着小娴来，办公室一张空桌上，放下纸笔由着小娴涂抹。妈妈边工作边与小娴偶尔讲几句话，准备一个水果，让小娴通过实际接触了解妈妈的辛苦与不易，也看到妈妈是如何处理工作，与同事合作交流的。

久而久之，母女之间在理解中完成了最好的启蒙教育。小娴随着年龄的增长，不仅乖巧懂事，更能体谅妈妈的辛苦，主动帮助妈妈做一些力所能及的事情。这就是一个懂得启蒙的单身上班族妈妈的最大收获。

亚楠则是每晚十分钟的模范。她不管每天回家多晚，哪怕孩子已经睡着，也会轻轻靠在儿子身边，温柔地抚摸着他轻轻说几句话。如果孩子没有睡着，她必定会问问儿子白天遇到了什么有意思的事，告诉儿子自己遇到了哪些好玩的人和事。如此坚持了十多年，直到儿子上大学。

现在的亚楠与孩子沟通毫无障碍，儿子的成长并没有因为是单亲家庭，就带有这类家庭孩子普遍存在的性格问题。

其实，即便是全职妈妈在启蒙教育上也不一定就能做得非常到位，启蒙教育并不等于制定学习计划，无时无刻地说教指导。启蒙教育的根本，是妈妈的行为示范和语境感受，所以给孩子一点时间看到你，听到你，感受到你，就是最好的启蒙教育。

二　单身上班族妈妈惧怕的事

任何一个人都会有惧怕的事，敢持刀伤人的凶徒可能怕一只小老鼠，敢上刀山走火炭的人可能怕老婆，敢走夜路闯无人区的人可能怕毛虫，敢蹦极跳伞的人可能怕一条盈寸小蛇。

单身上班族妈妈也有的怕，做小女生时可能怕虫子，怕天黑一个人回家，怕夜里打雷。当她们成为单身妈妈之后，这些都可以不再怕，却又怕了别的事。

最害怕生病

不管是自己生病还是孩子生病，单身上班族妈妈都是不敢想不敢遇见的事。因为，她们没有时间自己生病，更不能忍受孩子生病。可是，身体这个本钱由不得人来决定好坏，病来如山倒，别说一个人抗不住，就是一队人也枉然。

小红独自带着女儿生活，在职场上是个生龙活虎的干将，跑起业务叱咤风云、所向披靡。可是，多年透支的身体，却在最关键的一年内爆发了两次重症。连续两次住院开刀，她的工作耽误了，孩子更是不可能照顾得到。

小红对好友说，对于她而言这世界上没有战胜不了的困难，只有生病这回事，自己真没辙了。为了不影响孩子的学习和生活，她把女儿托给了姐姐，还不让大家对孩子说病情，只说是小毛病住院观察几天就好了。

工作上刚刚获得的总监职位，不能因为自己休假两个月没人管，只好由自己好容易战胜的竞争对手替代。

小红苦恼极了，埋怨这病早不来晚不来偏偏节骨眼上跑出来，把自己前面的努力都报销掉不说，还影响正在面临中考的女儿。

小红这样的单身上班族妈妈，在职场上比比皆是。在竞争日趋激烈的职业较量中，我时常会遇到拼命三郎型的她们，好像自己是铁打的钢铸的，只要不倒下就拼得如同打了鸡血。可是，人的身体不光是拿来用的，还需要调理、休整和维护。然而，当你提醒她们时，这些单身上班族妈妈都会回答你一句话，"没时间"。

她们没有时间好好吃饭，没有时间锻炼身体，更没有时间生病。可是，病不会因为你没时间就不生，越是没时间，病来的几率就会越高。当人体被过量消耗时，肌体内部的防御系统就会报警，人就会出现容易疲劳、精力难以集中等症状。在出现这些症状后，人就该适当休息调整，给身体一个恢复时间。而单身上班族妈妈们往往忽视已经存在的警示，继续拼搏战斗，结果身体被熬垮，只能彻底停下来。

单身上班族妈妈们并不知道，她们如果可以稍稍挪出一点时间用于关注调整自己的身体，就可以减少生病的机会。比如，在午休的时候去散散步，上下班路上用步行代替其他交通工具走上三至五站，再或者晚上临睡前做两遍广播体操，床边上摆几个瑜珈动作等等。虽然看似没做什么，却可以保证身体得到一定量的运动，避免疾病的侵害。

同时，在周末把写报告、做计划的时间减少一点，与孩子一起去公园走一走，去游戏厅打半天游戏，既能够增进母子感情，又能起到锻炼身体的作用。

小义的妈妈坚持多年每周去一次瑜珈馆，周末爬山一次，不管工作多忙，只要不是推不掉的事这两项运动雷打不动。我问她为什么不像别的妈妈一样，要么多做点工作，要么赶紧回家陪陪孩子？她回答我，坚持锻炼是为了更好地工作，更有精力陪孩子。

同时她向来颇注意养生，在饮食方面，长期保持规律和素简。在家里也是以营养全面、健康饮食为标准安排自己和孩子的饮食。她每周给孩子和自己制订养生食谱，有时间就自己做，没时间也会请妈妈来帮助做。只要能抽出空，夏天必定会煮清火降躁的各类糖水汤羹，秋冬两季更是要煲美味的滋补靓汤。

果然，同样是拼搏在职场之上的单身上班族妈妈，可小义的妈妈身体特别好，十年之间只因感冒请过两次不超过三天的病假。在她的调理之下，宝贝小义也是壮实得像小牛犊，除了几次感冒别无大病。基于这些努力，她不仅收获了老板的器重，更主要是收获了健康的宝贝！

在小义的成长过程中，妈妈因为身体好，精力好，可以分出比较多的时间给孩子，母子感情极佳。孩子在她的影响下，也非常喜欢运动，曾经在学校体育比赛中获过多项大奖。

其实，拼搏与养生并不矛盾，办公室里做做操，楼下门口多转悠，饮食卫生又健康，哪样都是方便简单的养生健身之法。关键在于妈妈们是不是重视，是不是能够坚持，是不是懂得爱孩子保工作的重要武器是——自身健康。

最害怕失业

　　单身上班族妈妈第二不敢那就是失业了，她们内心始终恐惧的就是没有收入，一个家日常开销看似简单，真要算一算也是个吓人的数字。

　　以北京地区一个正常的母子之家为例，最基本的一个月饮食、日常用品的开销需要300元，孩子午餐以学校营养餐计算为140元，妈妈自己的午餐需要150元，交通费用按最低支出一天0.8元计需要20元，再加上水、电、房租的支出，保守数字需要810元左右。这还必须是公房租住，如果是自购房就是还贷，如果是租私人住房，那么房租最低也会超过每月500元。

　　试想一下，一位单身上班族妈妈每月伊始，肩膀上就背负着千元的债务，拿不到这个收入，她们和孩子就可能衣食无着无处容身。在这样的巨大威胁面前，她们能够不怕失业吗？

　　而据相关报道，一个孩子从出生到能够自立，最少费用在42万元以上。那么，任何一位单身上班族妈妈的肩膀，就等于扛着一笔几十万的巨额债务，她们当然会深感其重难负。这是一个需要拼尽力气才能挣到的数字，这还仅仅是一个并不算高质量的养育成本，如果想给孩子择校、报夏令营、补习班，最终出国留学，那么这个数字就必须翻上几番。

　　对于绝大多数单身上班族妈妈来说，选择单身并带着一个孩子，就意味着把自己放在轮盘上赌。她们没有机会选择，只能是闭上眼咬住牙关闯下去，她们唯有不断地鼓励自己，给自己打气，期待着孩子健康长大的一天早些来临。

　　桐桐是位单身了11年的上班族妈妈，前夫连续10年拒绝支付孩子的生活费，她连打官司的时间都没有。为了不让孩子感到对父亲的失望，她不得不每月从已经紧巴巴的收入中，拿出300元存进孩子的卡里，然后对他说是爸爸给的。

我由衷地佩服她这样做，因为孩子的成长需要正面的教育，天天教育孩子说爸爸不要他了，爸爸什么也不管他，钱也不给一分，只能让孩子受心灵伤害，说得次数多时间长了，必定会直接影响孩子的性格培养。

然而，这些增加出来的支出，对于桐桐来说，却是无形中让本就巨大的压力又上了一个台阶。她时常在疲累已极的时候对闺蜜说，真想明天开始再也不用上班了，天天睡到自然醒。可是，每次说完她马上又会像犯了错一样反复唠叨，千万不能没事干，那样就会为下个月的房钱和饭钱发愁了，脸上的恐惧令人心碎。

单身上班族妈妈们忽视了一点，拼搏是为了养育好孩子，是为了支撑一个家。可是，保证这份爱和支撑的不是工作，而是身体。所以，真的爱孩子，就应该先懂得爱自己。妈妈的宝贝需要一个健康的妈妈，可以一直陪他走下去的妈妈。如果简单地一味拼命做事，置身体于不顾，很有可能在孩子尚未独立时，就再也无力爱，再也无力支撑了。那么孩子就会陷入孤独与无助，那样的结果比交不出一个月的房租，吃几年的粗茶淡饭可怕得多。

再有，越是担心害怕，越是容易出错。单身上班族妈妈的担心，会直接影响她们的情绪，会使她们处于长时间的焦虑中。这样的后果，只会让孩子觉得妈妈急躁，没有耐心。让老板觉得，这位员工做事虽然努力，但不细致，容易出问题，不可大用。

拼搏在职场上的单身上班族妈妈们，你们完全不必时时把自己置于高度紧张状态中，紧张与压抑只能让事情变得更糟。只有放松情绪，保持积极阳光的心态，才可能取得良好的工作效果，才真的不会被工作淘汰。

放松心态工作，收获良好的工作效果，才不会影响回家的情绪，不会把焦躁不安带给无辜的孩子。整天担心失业只会让自己做不好当下的工作，从而加大失业的几率。所以，放松情绪坦然面对工作，才是单身上班族妈妈在职场中游刃有余的法宝。

最害怕恋爱

说起单身上班族妈妈，人们都以为她们要么急着嫁，以图有人分担经济上的压力。要么不想嫁，怕有人打扰她们的生活。其实，这两种说法都是既对又不对。

多半的单身上班族妈妈都是不敢谈恋爱，这与不愿谈恋爱不同，也与不想谈恋爱不是同一概念。她们想嫁之心常有，真嫁之心不敢有，想体会被爱之心常在，真去追逐爱情之心深藏。原因只有一个，为了孩子。

一个家庭，从父亲、母亲、孩子的三口之家，变成母子相伴的二人世界。对于单身上班族妈妈来说，希望有人依靠、渴望完整家庭，是非常正常的心理。可是，她们往往忙于日常工作，全心全意照料孩子，抽时间打理家务，根本无暇去相亲约会。即便有人追求，她们也不会如其他女性那么敏感，当然，也有许多是故作不知。

为什么有条件尚可的对象，她们也是犹豫不绝，甚至主动回避呢？这不是她们不愿意有人打扰，也不是什么再婚恐惧症。更多的是，她们不得不考虑到孩子接受能力。因为，自己接了一个男人容易，让孩子接受一个即将成为新爸爸的男人，就必须面对孩子是否能承受的现实。

自己的一次婚姻失败，无缘无故让孩子跟着体会单亲生活，害他（她）父爱缺失。作为妈妈，哪一个都会是满怀歉疚，甚至有种负罪感在心底埋藏。如果再给孩子找个新爸爸，若是孩子能够接受还好，如果孩子不能接受，或是对方与孩子相处有问题，那么这种愧疚就会折磨得妈妈们失去生活的信心。如果孩子根本不能接受，那这样的尝试就更是浪费时间，浪费感情。

因此，多数单身上班族妈妈对恋爱、再婚都表现得比较排斥，这不是她们不想，而是她们不敢面对再次遭遇挫败的可能。即便是方方面面的条件都可以，还要看孩子是不是喜欢对方，对方是不是能真的努力与孩子相处融洽。而这样的期待，确实有一些赌的色彩。

晓云在女儿菲菲四岁时成了单身上班族妈妈，从那时开始，朋友、同事、亲戚，大家踊跃地给她介绍对象，可晓云却是一推二让三不见。要说条件晓云文静端庄，工作在机关单位大小也是个领导，为什么她宁愿一个人带孩子生活呢？

初时，大家以为她刚刚离婚，还没走出婚姻挫败的阴影，所以对相亲之类的事退避三舍。可是，三年之后，当大家在晓云妈妈焦急的求助下，再次踊跃帮忙时，她却依旧表现得不情不愿，甚至对帮忙的人说，让人家放过她吧。

私下找机会和她聊天，方才明白这位疼爱孩子的妈妈，并不是对婚姻没有信心了。在她心里，依旧渴望有一次精彩的恋爱，遇见一份真正的感情。虽然，前一次婚姻的失败让她很沮丧，可她还是相信，在这个世界上有份真爱在等着她。之所以对别人的帮助推托回避，只是为了菲菲，为了那个正在长大的女儿。

晓云说，女孩子本来就敏感，自从和她爸爸分开之后，孩子每次见到爸爸都特别开心。自己在独处时，也会自言自语假装和爸爸在玩，只要晓云一出现，孩子就不再说了。晓云觉得，自己已经错了一次，让孩子跟着受到无法弥补的伤害。如果自己再恋爱，再选择错误，那孩子岂不是太可怜了？

晓云这样的想法，在许多单身上班族妈妈心里都有，她们害怕自己一错再错，以至于带给孩子更多的伤害。内心的歉疚感，使她们压抑了再尝爱情果的欲望，只能不停地给自己开出远期支票，告诉自己等孩子长大了，成家了，自己的事再考虑也不迟。

这些单身上班族妈妈，每天奔波在工作与家之间，对于她们来说，恋爱是一件奢侈品，只能欣赏不能触碰。她们不是不喜欢，不是不渴望，而是没有时间，也没有勇气去获得。在她们的内心世界里，长期有着美好爱情幸福家庭的梦想，却没有勇气化为现实追求的动力。

在国内城市生活的现实状况下，一个单身上班族妈妈要养家，除睡眠时间外，其余可支配时间有70％都要投入到工作中，剩下的时间会毫无保留地奉献给孩子。她们用什么时间，哪些空间谈恋爱呢？

唯有夜深人静时，放平疲惫的身体，守着甜睡的孩子，对着黑洞洞的屋顶，释放内心的一分渴望，一分期待，幻想有人分担她们的苦和累，有人心疼她们的身和心。

小壮壮的妈妈离婚八年，在一家私立幼儿园当保育员，月收入只有1200元。曾经几次别人给她介绍对象，相亲之后她都会仔细琢磨，衡量了条件衡量爱心，觉得可以交往了，她就会带着壮壮与对方第二次约会。

只要看到壮壮对她见的人稍显反感，哪怕是眉头轻轻一皱，或是态度有些不耐烦，壮壮妈妈都会坚决地回绝对方。她说，只要孩子不喜欢，这个人就不能跟，毕竟孩子比老公更重要。

单身上班族妈妈的恋爱，完全以孩子为重心，她们不是在为自己找爱情，而是给孩子找爸爸。这样的目的，让恋爱变得过于功利，也就常常有始无终。在这些先决条件下，她们对于爱情，永远是有心无力难以驾驭。

其实，单身上班族妈妈实在是想得太复杂了。恋爱是两个人心灵的碰撞，加杂了太多附加条件，那么不用开始就注定了失败。孩子固然重要，但在恋爱这个事情上，绝不可能以孩子喜好为先决条件，这样的恋爱没有基础，即便是孩子喜欢了，妈妈和对方凑到一处，最终也不会过得长久。如果说再婚只是为了给孩子找爸爸，那么再婚就变成了难以完成的任务。

在生活中，单身上班族妈妈正常地接触异性，对孩子实际上是一件好事。首先，在缺少男性的家庭中，孩子对成年男人没有太多概念，妈妈接触异性，等于是给孩子一个接触成年男人的机会。

同时，在正在成长中的孩子眼里，恋爱、婚姻都是非常神秘的事，常常会引起他们的好奇心。他们的疑惑往往是通过电视、网络，还有同学之间的猜测来找寻答案的。然而，这些渠道都不能很好解答他们内心的疑惑，甚至有可能误导孩子。妈妈的正常异性交往，实质上等同于给孩子在情感教育中打开了一道门，只要是认真负责的交往，就是对孩子早期情感启蒙的最佳教学。

同时，整日处于繁忙中的单身上班族妈妈，脑子里除去工作就是孩子，关注度过于集中。这就势必会给孩子巨大的压力，时时刻刻感觉被妈妈监督。他们的世界里，除了妈妈还是妈妈，最终让孩子感觉自己被禁锢在妈妈设置的狭窄世界中。

如果，妈妈有恋爱，有朋友，那么情绪也会放松下来，孩子的压力也会减少。恋爱不是"狼来了"，妈妈们也不必太过恐惧害怕。

当然，妈妈恋爱对于孩子的接受能力来说，的确存在挑战。毕竟他们曾经有爸爸，而爸爸被替代对谁来讲，都不是件容易接受的事。单身上班族妈妈的谨慎可以理解，但完全拒绝男性是错误的，单纯找个人分担更是不可取的恋爱态度。

在单身上班族妈妈的家庭里，男性的介入需要循序、渐进自然而然地导入式开始，而不是领一个回来就是向准爸爸方向发展的。从认识到一起外出，从简单地交往到实质的恋爱，给自己和孩子一个了解对方、认识对方、接受对方的时间。这样的接触异性，不仅对孩子的逐步接受有好处，对于妈妈客观了解对方，判断自己与对方是否真正合拍更有益处。

恋爱不一定一次性成功，过程的深入，人的把握，是单身上班族妈妈更要用心的。简单的条件合适，孩子接受，都不应该成为自己的恋爱的理由，更不是再婚的原因。单身上班族妈妈的恋爱，应该是两个大人和一个孩子的磨合，产生了共同生活愿望的过程。

只是，单身上班族妈妈们最难突破的，是自身对于一次失败婚姻给孩子伤害的内心谴责，这才是让她们回避恋爱恐惧再婚的根本原因。如果不能突破这个瓶颈，单身上班族妈妈就不可能积极地对待自己的爱情，也不可能把注意力适当从孩子身上转移开。其结果必然是让孩子感觉受制，自由度过小，部分孩子在青春期发展为与妈妈为敌。

而单身上班族妈妈自己，也因长期困于想爱不敢爱，想寻求一个肩膀却又找不到一个肩膀的境地，个人情绪受到影响。所以，恋爱不可怕，再婚也没什么大不了，单身上班族妈妈只要放开自己内心的束缚，幸福一样会在不远的地方等候。

三　如何教育孩子是单身上班族妈妈的难题

任何一位战斗在职场上的妈妈，都会遇到孩子的教育与堆积如山的工作如何平衡的问题。这中间，单身上班族妈妈最是为难，因为对于别人是选择题，对于她们是填空题——答案唯一。

那些家里有男人的上班族妈妈，只是需要分担一部分生活费用的压力，在孩子与事业之间，她们可以轻易地选择前者。或者家里男人愿意多付出给孩子，自己也可以坚决地选择后者。对于那些老公收入非常好的上班族妈妈，更可以暂时放下工作转做全职妈妈，等孩子长大些再找工作求发展。

而单身上班族妈妈就完全不同，她们必须既做好工作又教育好孩子。因为，工作做不好衣食住行会有问题，孩子教育不好他（她）的未来会有问题，还会引来无数亲人的指责。

一个肩膀承不下的重量

现在教育一个孩子，从幼儿园开始就等于是在给家长出难题，仿佛去上学、上幼儿园的不光是孩子，妈妈也要作陪。孩子入托或是入学那天起，家人就要准备好报各种班，预读大量的书，帮孩子完成许多留给他们他们却完不成的课业，

小学开始，必定会有许多听写要妈妈帮助念，有许多背诵要妈妈签字确认真是背下来的，有许多手工是妈妈协助制作的。这些事，对于完整家庭的父母而言都已经难以应付。那么，对于单身上班族妈妈来讲，简直就是铁人N项比赛。

妞妞五岁，在幼儿园里上中班，别的孩子都被老师一再提示着报了绘画班。妞妞妈觉得孩子对绘画没有兴趣，自己经济上又比较紧张，因此没有给妞妞报名。

每次下午上绘画课时，别的孩子都在教室里学习，妞妞只能独自在活动室看书。回到家，妞妞无限委屈地对妈妈说："我也要学画画。"

要学画的妞妞，对于画画并不见得有几分兴趣，但她不愿意一个人守着那份孤单。于是，她提了这个简单的要求。可这个小小的要求，却让妈妈为难起来。因为做超市理货员的妈妈，每月给她交托儿费，给房子交租金，再加上两个人的吃穿，早已是捉襟见肘。如果再给妞妞报这个绘画班，恐怕就要出亏空了。

看着妞妞渴望的眼神，妈妈哄她说："等你上学了，咱们上少年宫的画画班，那里才有真正的画画老师教，比你们幼儿园老师教得好。"孩子虽说半信半疑，至少暂时算是相信了妈妈的话。可是，妈妈却提起了心，如果到孩子上学时生活条件没有改善，那时要如何对孩子说呢？

作为妈妈，她要养家又要教育孩子，经济上的不安全让她无法满足妞妞的心愿。她何尝不渴望让孩子多学一些东西，她也不忍心让妞妞在别人上课时一个人坐在空屋子里。只是，自己的能力有限，愿望再好也不可能脱离现实，她只能是暂时哄孩子过关。可这样的结果，却是让自己背上了沉重的十字架，这一个轻描淡写的推托，让她面对着两年后的难题。她只能心里嘀咕，但愿孩子上学以后就不再想画画的事了。

艳艳的宝贝女儿四年级了。小时候家庭完整时，孩子由婆婆带着学了小提琴，还在体操队里获过奖，是教练重点培养的苗子。现在，艳艳自己带着孩子，一个人每天送她上学都困难，时常要女儿自己坐六站车去学校，就更别说周末像别的妈妈那样，送孩子上各种学习班了。

学了三年的小提琴荒废了，体操课是在孩子自己哭着要坚持的情况下，艳艳不忍心拒绝，才由孩子每周六独自去十几站地外的训练班，才坚持到现在。

艳艳在某医院做护士，不光每天忙碌频繁加班，还需要长期倒班。自己的父母远在外地老家，还要帮小弟带不到两岁的孩子，艳艳实在张不开嘴，让老两口一把年纪了还要两地分居帮自己。没有办法，艳艳只能是边工作边照顾孩子。在教育孩子的问题上，她常常是有心无力。

偶尔中午和几个女同事聊天，别人一说到自己的孩子，不是这个的儿子在学钢琴，马上就考九级了，就是那个的女儿在学奥数，成绩名列前茅。每每到这个时候，艳艳心里就跟针刺一样疼。她也想让孩子学习得出类拔萃，她也希望有时间跟孩子一起去上各种培训班，可是她连个帮手都没有。

就在这样的自责之下，她除了拼命工作又兼职在快餐店做计时工努力赚钱。手头宽裕一些后，她请来保姆带孩子去上各种学习班。也许是对自己前一段的表现极为不满，她只要听说谁家的孩子上了什么班，就一定要给自己的女儿报名。她认为，只有这样才对得起孩子。

可是，班是越报越多，孩子却越来越抗拒。以前是女儿闹着要学这学那，现在是女儿闹着不去。筋疲力尽的艳艳委屈不已，她不明白，当初孩子是那么想上各种的班，自己没条件给报。现在怎么有条件了却一个都不想去了呢？连当初闹着要坚持的体操班，她都开始这周肚子疼，下周腿疼的躲着不想去。

在一次孩子死活不肯去英语补习班之后，艳艳大怒，把孩子狠狠批了一顿，还让她冲墙站了20分钟。艳艳伤心得说不出话，她不明白，自己这么努力地教育孩子，为什么人家孩子都越学越出色，自己的孩子却是越学越不爱学呢？

探讨一下问题的根源不难发现，不管是没钱给孩子报班的妞妞妈，还是有钱给孩子报许多班的艳艳妈，她们都忽略了孩子到底想要什么。即便是完整家庭的妈妈，或是全职妈妈，她们也不可能，也不应该什么班都给孩子报。

的确，那些有时间的或是家里有人帮忙的妈妈，会有比较多的时间让孩子去学习。而单身上班族妈妈是做不到的。相比之下，有人陪的孩子确实是可以拥有更多的学习机会。

可是，在自己不具备条件时，单纯地哄骗孩子只能是蒙一时，久了孩子会对妈妈失望。而简单地拿钱给孩子弥补，报许多个班，也不能达到教育好孩子的目的。孩子去上学习班，真正能起到多少作用实在很难说清，这要看孩子的兴趣和接受能力，也要看孩子是否适合。

而上学习班对于孩子更多的好处，应该是扩大他们的接触范围，增加与外部社会的联系。如果单身上班族妈妈明白了这个道理，这件事就不会导致那么棘手的后果了。

有条件的妈妈们完全可以带着孩子一起看看都有哪些学习班，选择时间上合适的，距离也不会太远的，确认孩子有兴趣的项目，为孩子报一个班。在报名时与孩子约定，只要报了就必须坚持到一期结束，不准许半途而废，否则等于自行放弃报班学习的机会，以后就不能再选择了。如果坚持完整一期，即便不爱学这项了，也可以再选其他项目。在时间允许时，妈妈陪他（她）一同去上课，时间不允许时，孩子自己去也不会太远。

报班的目的应该是以质取胜，而非以量取胜。孩子有兴趣才会坚持，简单的别人家学了我们也要学，只能让孩子厌烦。

没有条件报班的单身上班族妈妈也没必要说谎，只要如实告诉孩子，妈妈现在没有条件给他（她）报班，希望通过自己努力工作将来力争给他（她）报名。这样做，既正面又不至于使孩子失望。更重要的是，给予孩子非常现实的正确答案，让他们懂得并不是自己想要的就必须得到，这才是帮助孩子了解社会了解生活最生动的一课。

理解的难求

　　在单身上班族妈妈遭遇教育孩子的难题时，获得各方理解的可能性非常小。特别是孩子在学校里的时候，老师对于单身上班族妈妈家的宝贝不仅缺少理解和关怀，反而是大多不够关心，甚至是厌烦。有些老师认为这样家庭的孩子麻烦多，心理不健康，话里话外带出反感。而完整家庭中的家长，也是非常不愿意自己的宝贝与单身妈妈家的宝贝过于亲近，甚至在些家长禁止自己的宝贝与之交往。

　　小萌，初中二年级，最要好的伙伴是佳佳。可是，小萌妈妈从来都不乐意她和佳佳在一起，只要听说她们一起出去或是作伴上学，妈妈就大发脾气，更不用说带佳佳回家玩了。

　　问到原因，小萌妈妈讲，她并不是反对女儿交好朋友。只是，她认为佳佳是单亲家庭的孩子，这类的家庭环境里教育出的孩子，身心一定不健康。她害怕小萌受到影响，将来也会心理不健康。她希望，小萌的朋友都是正常家庭出来的，没有任何心理问题。

　　站在完整家庭妈妈的角度上，小萌妈妈这样做并没有什么不对，孩子交什么样的朋友直接影响她的成长，孟母不是为了教育孩子三迁了吗？小萌妈妈当然有权利为孩子斟酌伙伴啦！只是，她这样做对于同样处于成长期的佳佳来讲，却是带来了巨大的伤害。

　　佳佳本来是个快乐阳光的孩子，平时和同学关系都很好，性格开朗爱说爱笑。佳佳妈妈是个出色的上班族妈妈，事业顺利，收入极好。平时，她非常注意对佳佳的教育，佳佳身上丝毫没有一般单亲家庭孩子的毛病。

　　可是，自己最要好的伙伴小萌的妈妈，为了不让她跟自己玩，跟小萌又吵又闹。佳佳追问原因，却原来只是因为自己是单身上班族妈妈家的孩子，这个答案实在让她难以接受。

佳佳妈妈发现，孩子持续几周情绪不稳，一副有心事的样子。经过谈心和了解，她才知道是因为朋友妈妈的排斥，造成孩子的心理压力过大。长期以来，佳佳妈妈对孩子的正面教育，就在这一次打击中前功尽弃。佳佳对于自己来自单亲家庭，表现出了强烈的厌恶感，甚至追问妈妈，为什么要离婚，为什么不能一家人在一起。

事情无独有偶，学校一位数学老师，在课间和另一位老师说话时谈到，现在的单亲家庭孩子越来越多，普遍存在孤僻和暴力问题，班里有几个这样的孩子实在让人头疼。佳佳恰巧听到这番对话，本就受到伤害的脆弱心灵顿时崩溃。回到家，她茶饭不思、蒙头大哭，不管妈妈如何劝慰、如何追问都不肯说话。

自此之后，佳佳性情大变，不再像原来那样爱说爱笑，而是愤世嫉俗、性格偏执，学习成绩更是一落千丈。在学校的伙伴，不再是快乐阳光的小萌，而是几个和她一样的单亲家庭孩子，她觉得和这些孩子才是一类人、才有共同语言，而那些完整家庭的孩子根本就不值一理。

这样的例子实在太多，不管是学校的老师还是完整家庭的家长，他们对单亲家庭的错误理解，直接导致了对这些孩子的歧视和不公正待遇。单身上班族妈妈本就处于弱势地位，看似平常的教育孩子养成优良品格，建立良好的心态，对于她们需要付出比一般家庭更多的心力。可这些付出，只要其他人稍加影响就会付诸东流。

单身上班族妈妈的困境，需要全社会的重视。在现今的社会中，婚姻自由已经是正常现象，离异家庭、再婚家庭、未婚妈妈家庭明显增加。世俗观念成为横亘在这些家庭子女教育过程中的一道深不可测的巨壑，没有社会力量的关注与帮助，没有所有人对他们的理解和爱护，没有一个公正平等的教育环境，这些越来越多的孩子就会成为未来的社会问题。

如果，这种教育责任只单纯放在单身上班族妈妈身上，她们根本就无力与整个社会抗争。她们只能是努力地说服、教育、疏导，但在不公正的社会条件下，她们能把孩子的思想控制多久呢？孩子早晚要独自面对这些现象，那么会有多少孩子走上佳佳的路呢？

在这些现状下，单身上班族妈妈可以与老师协调关系，让老师在学校给孩子一个与其他孩子一样的环境，让孩子体会到自己与其他孩子没有任何区别。同时，在孩子交朋友的时候，多了解一下对方的家庭情况，如果小朋友的家庭是对单亲家庭有成见的人家，就及早让孩子退出来，以免受到伤害。

再有，要多让孩子与心态正常的朋友交往，与对方父母保持联系和沟通，给孩子一个阳光的交友空间。这些虽然非常难做到，却是单身上班族妈妈必须要做到的，因为这关乎孩子是否能心态健康地成长。

四　处在夹缝中的单身上班族妈妈

与一般的完整家庭妈妈相比，单身上班族妈妈是一部不能喘息不能停运的永动机。她们在工作、家庭、孩子之间无休止地运动着，奔跑的速度不能减缓，攀登的步伐不能懈怠。

即便是这样，这些妈妈们还是不能够达到社会以及自己制定的标准。她们不得不面对许许多多不间断附加在她们身上的各类责任和义务。

来自婆家和娘家的压力

不要以为离婚了，变成单身上班族妈妈了，就可以躲开婆家的监督和指责。

单身上班族妈妈不管做得多好，把孩子教育得多出色，来自前婆婆家的各种压力也不会停止。

对于已经归妈妈抚养的孩子，婆婆是不会忘记管理的，特别如果这位妈妈带着的是个男孩，这样的遥控管理就更加花样繁多。

而那些不再经常出现的爸爸，如果不是老死不相往来的类型，虽说在抚养教育上不喜欢做什么贡献，甚至时常蒸发一段时间。但在挑剔妈妈的方面，却可能不遗余力。

如果孩子生病了，单身上班族妈妈是不能让前婆家知道的，因为一旦透露就会造成婆婆心急如焚的电话慰问。说是慰问，关心孩子病情事小，批评妈妈不负责任事大。前婆婆会在电话里对着孩子埋怨说"你妈妈就是不会照顾人"，"看看把我们宝贝都给折腾病了"，"哪有这样当妈的，也不知道成天都忙什么"……

而作为单身上班族妈妈，虽然心里一百个不高兴，却也没办法辩解。人家又没对你说，电话也不是打给你，你对谁去辩解呢。更何况，对一位老太太的絮絮叨叨，你解释了又有什么用？徒增烦恼罢了。

可对于另一个人的埋怨，单身上班族妈妈就不能接受了。那就是孩子的父亲，平时一般都会很忙，让他帮忙开个家长会他会说没时间，让他陪孩子多走走他会说没有空。可是，当孩子学习成绩下降，或是没有考上他希望的学校时，他就会跳出来，不停地埋怨当妈妈的教育孩子不尽心，没有做到一个妈妈应该做的，更是要责怪妈妈没有给孩子好的环境条件，完全就是一个没责任心的坏妈妈。

面对这样的无端指责，单身上班族妈妈一定会怒火中烧，可同样无可奈何。因为人家只会打电话来数落，或是接孩子时指桑骂槐，你要解释或是发怒，人家根本不给你说话的机会。

遇到这样的情形，单身上班族妈妈唯有叹息。别以为这样冷处理事态就会平息，孩子会被前婆家不断骚扰，最终，将所有责任都确认到单身上班族妈妈身上，才可以暂时解气。

没有人会想，一个妈妈独自带孩子还要工作有多辛苦，养家养孩子需要怎样的付出。他们只会不停地批评妈妈用心不够，对孩子没有付起教育责任，在平时没有指导孩子学习，在精神上少有给孩子关注。这样的灌输会对孩子产生什么影响，没有人会去考虑，其结果也只能是单身上班族妈妈自己承担。

小琨在工作前一直对他的单身上班族妈妈不满，在奶奶和爸爸的嘴里听来的，都是妈妈对自己不用心不关心。而他结合自己的所见所闻，也得出这样结论。他觉得妈妈不在乎他，总是一个人瞎忙没有时间陪自己，要点零花钱别提多费劲了。不像奶奶，回去就给自己点钱，从来都不说自己哪儿不好。爸爸也比妈妈强，每次见爸爸都有礼物，还能想玩什么就领着玩什么。妈妈呢，就知道问成绩，就知道管着自己不让出去，根本就不是个好妈妈。

待到工作之后，他才明白妈妈有多难，才理解妈妈在职场上打拼需要付出怎样的艰辛。他告诉我，当初奶奶经常给他打电话，痛说妈妈不尽职。还说，要不是妈妈捣乱，小琨就不会没有爸爸在身边，都是妈妈瞎折腾把家给闹散了。而爸爸偶尔来一下，既不批评自己，也不管自己，还偶尔给几百块钱。他觉得奶奶家人最好，没能和他们生活在一起，都是妈妈的错。那时候看妈妈，觉得她就会唠叨烦人，还总是没时间，把自己扔在学校里不管。

特别是在小琨犯了些小错的时候，妈妈总是大惊小怪地跟自己发脾气。而奶奶则是永远顺着自己，不管发生什么问题，都说别人不好。他觉得，妈妈对自己根本不在乎，反而是不在身边的爸爸奶奶才是真的疼爱自己。

小琨的遭遇并不是特例，这样的问题困扰的不是他一家。在孩子争夺战中，前婆家是不会对单身上班族妈妈格外开恩的，他们会抓住你无能为力之处痛击。而单身上班族妈妈哪里有时间、有精力与之对抗呢？只能是在孩子的误解中挣扎，偶尔辩解两句也显得苍白无力。

不要以为压力只来自前婆家，娘家的压力同样如同洪水猛兽。常人都以为娘家是单身上班族妈妈的温暖港湾，而事实上有许多娘家不仅不是港湾，反而制造了更多的压力给她们。

小美离婚后想和孩子暂时住在妈妈家，待到自己条件好一些再买房搬出去。可自从她回到娘家，妈妈就不停地历数她当年多不听话，非要嫁个不像样的男人，现在回来了又要在家里蹭吃蹭住。

虽然平日里妈妈帮忙照顾孩子，小美心里充满感激，可每当妈妈不停地在孩子面前絮叨这些，小美的心里就会万分难过。特别是妈妈时常在孩子面前说孩子爸爸如何可恶，如何不是好人，指责他不负责任没有道德时，小美更是为难。毕竟那是孩子的父亲，不可能听到别人说他坏话没有反应。某次，姥姥又在不停地大说特说孩子爸爸如何不好，孩子一忍再忍最终忍无可忍和姥姥大吵起来。结果是姥姥捂着心口抱怨孩子没良心，是养不熟的狼仔儿。孩子说姥姥是坏人，是老巫婆。小美被夹在当中左右为难、痛不欲生。

半年后，小美带着孩子租房出去单过，本就经济压力巨大的她，无疑又增加了难以摆脱的负担。但这并没有让情形好转，妈妈还是妈妈，嘴上厉害心里疼小美。姥姥会时常跑来看看，看过之后又要批评小美不会过日子，又要埋怨她不会照顾孩子，还会不打招呼临时决定接孩子回去吃点好的。这样的帮助，让小美又是难受，又是没法说，自己的妈妈让她急不得恼不得，只能独自叹息。

不管是婆家压力，还是娘家压力，单身上班族妈妈都要在夹缝中求生存。对于教育孩子，她们不仅要付出时间、精力和金钱，还要与这两方面频繁作战。有些孩子学会了利用这些外部资源，在钱上两面要，在出现问题时两面求援，上班族妈妈在腹背受敌中艰难前行。

作为单身上班族妈妈，她们唯有选择冷静地面对这一切，尽量减少矛盾的产生，力争经济上独立不依赖外部力量。接下来，就是把孩子教育好，生活安顿好，排除各类干扰。

只有这样，她们才能相对耳根清静一些，生活简单一些。她们不能选择抗争，因为矛盾一旦激化，她们就更加艰难。她们早已没有时间、没有精力再和家里人战斗了。她们宁愿咽下全部委屈，拿出本就所剩无几的时间来陪孩子聊天，和孩子旅行，以减少其他人对孩子的影响。

职业发展与家庭之间的矛盾

没有哪个老板会因为你是单身上班族妈妈就对你格外优待，没有哪个企业会因为你是单身上班族妈妈就降低对你的要求，更没有哪个领导会因为你是单身上班族妈妈而不安排你加班加点。当然，绝对没有哪个同事，哪个竞争对手，会因为你是单身上班族妈妈就放弃与你的博弈较量。

在别人全力以赴在职场上风生水起时，单身上班族妈妈需要一颗心牵在家里一半，放在工作上一半。她会想着孩子下学是不是直接回家了，想着孩子的晚饭是不是会热了再吃，想着孩子是不是先写作业然后再玩，想着会不会有坏孩子欺负他（她）。

在这样的精神状态下，她们一样完成大量的工作，处理各种棘手问题，洽谈高难度的客户。这无疑需要她们付出更多的精力，投入更多的时间。

而在公司里，她们都是那种不要命的职员，只要有工作做，有高额奖金绩效，她们就会忘我地冲杀在前绝不退后。哪怕是跑到鞋破脚肿，哪怕是加班到彻夜不眠，也不会放弃努力。虽然她们心里负担着别人几倍甚至是几十倍的压力，她们的一半心都留在了孩子身上，却还是要努力再努力，付出再付出。因为，她们正是想到孩子，才会如此地拼搏，才会不知疲倦、不畏艰难。

而回到家里，她们往往只能看到已经要睡下，或是早已睡熟的孩子。她们也只能是望着稚嫩的脸蛋，对着他们轻轻说"我爱你，宝贝"。对于孩子的教育和培养，她们试图在工作之外找到时间来做些什么，却只能是想到而已。因为，人的精力和时间毕竟是有限的，她们不可能既是工作上的精英，又是生活中的好妈妈，这样的超级妈妈太少太少了。

她们习惯于埋怨自己，时常陷入自责的陷阱。她们认为自己始终做得不够好，没有更好的收入让孩子过得富足，没有足够的时间给予孩子温暖和照顾，没有旺盛的精力陪伴孩子学习游戏……

几乎遇到的每个单身上班族妈妈都会这样深深地谴责自己，她们难过于自己没有更多地守在孩子身边，无限羡慕那些不用上班可以整天为孩子忙碌的全职妈妈。她们觉得自己对孩子不够尽心尽力，永远没有把妈妈的角色扮演到位，让孩子的世界缺少了母亲的体贴与温情。她们自责的时候让人心碎，因为她们每一个都是为了孩子而憔悴不堪的样子，都是不懈努力着做到既是职场上的战士，又是家里的好妈妈。可是，这个完美的角色是不可能获得成功的，用她们心中给自己提供的度量尺，她们永远也不会达标。

夹在工作与孩子之间的单身上班族妈妈，她们对自己要求过于严苛，以至于永远也不会满意。这样的结果，让她们变得焦虑，变得忧郁。实际情况是，这样的拼命给妈妈造成的情绪影响，只会给孩子带来不安定感。试想，孩子整天面对一个惴惴不安充满自责，还满身焦虑心怀不安的妈妈，他们又怎么能快乐呢？

把自己从这种心境中拉出来，是所有单身上班族妈妈首先要做到的，既然职业人和妈妈之间很难平衡，那么就不要费力地平衡。与其踩在钢丝上，左也是怕右也是怕，不如放下身段从容面对。

对于工作，不是成天累月充满紧张就能成就卓越的，好的心态平和的心境才是获得事业成功的基础。而对于孩子，你的焦虑不安只能让他们痛苦压抑，松开自己心上的绳索，也就是松开了孩子身上的枷锁。

单身上班族妈妈只有在工作时间内全身心地投入工作，提高上班时间内的效率，才有可能给予自己更多陪伴孩子的时间。良好的子女教育与成功的事业并不矛盾，只要能够在哪个角色环境中就做好哪个角色的事，即可以达到良好的效果。而不是做职业人时想着做妈妈的事，做妈妈的时候又陷入工作上的烦恼。只要处理好二者的关系，杜绝相互混淆，单身上班族妈妈一样可以既是好妈妈又是优秀职员。

五　妈妈不是上帝

　　处在单身上班族妈妈的位置上，必然会造成工作的时间过多，陪伴孩子时间过少的结果。这直接导致了妈妈们心里时常满是歉意，以至于孩子提出一些要求，便急急忙忙给予满足，时间久了就变成孩子要什么，妈妈只要力所能及便立即给予什么。

　　随着时间的推移，孩子的要求会越来越多，更可怕的是这些与日俱增的要求还会越来越高。当妈妈忽然有一天发现，自己无法满足孩子的要求，或是孩子的要求太过分时，才会惊讶地发现，孩子会极度自私地埋怨妈妈。

　　这些无限的给予，非但没有换来孩子的听话、懂事，反而造成了孩子的自私，物质欲望过强，索要必得的心态。妈妈们会多么地失望与受伤，可想而知。她们会立刻忧伤充满心房，久而久之必会心态失衡满腹委屈。妈妈们不是上帝，不可能无限地，无条件地满足孩子所有的要求。在单身上班族妈妈家里，孩子不可能也不应该得到全部想要的，越早让孩子明白并非索要即得，越是对孩子负责。

　　在教育孩子的过程里，用听话和懂事衡量孩子，是这些妈妈的通病。事实上，孩子怎样做才算听话？怎么做才算懂事？这实在是一个没有标准的标准。这样的标准让一个孩子来实现，是不是勉为其难了呢？要知道，孩子不管在怎样的家庭环境之下，都是在不断求解中成长起来的。他们并不知道环境的改变对他们有什么必然的影响，也不知道他们还需要考虑怎样应对这些改变。作为孩子，他们只希望环境怎样改变我的生活不要变，每天感受周边事物的新鲜，不断吸收新知识，才是他们好奇求知的童真世界。

而单身上班族妈妈往往惯于把自己对环境的理解，加注在孩子身上。妈妈们认为，家的环境变了，孩子受委屈了，自己不得不奋斗了，所以孩子应该有如何的变化，他们肯定会如何地想。

实际上，这些都是妈妈们自己臆想出来的，是妈妈们替孩子在看事情想问题。现实中的孩子，他们的悟性比妈妈们猜想得要高出很多，孩子对事物变化的理解和适应能力比妈妈们还要强。只是妈妈们自己把事情想得比较极端，由此影响了孩子的认识，造成他们内心的恐惧不安。

钱红和老公离婚三年了，可对儿子大宝却撒谎说，爸爸妈妈只是分开住。因为，姥姥姥爷都去世了，那边的房子没人看，妈妈要帮忙照看房子。这样拙劣的说辞实在是没人会信，孩子是小，但并不傻。大宝在爸爸妈妈离婚时已经六年级了，对于爸爸妈妈长期的关系紧张已经心中有数，妈妈带着他搬出去，是因为发生了什么性质的变化，他有自己的判断。大宝之所以不说破，是他给大人面子，不想让隐瞒他的爸妈觉得很失败。

单身上班族妈妈总喜欢用"你是小孩子什么也不懂"来糊弄孩子，觉得只要自己不说，孩子就无从知晓。而且，自己这样做是为了不伤害孩子，屏蔽孩子对坏消息的认知，可以让他不受干扰。

如此看来，幼稚的往往不是孩子，而是以为聪明的妈妈们。现在的孩子理解力早已超越了从前，超越了父母，他们清楚现实是什么样子的，自己和家庭出现了什么问题。大人以为是在保护孩子，而事实上却是孩子顾全大人面子。既然你们不愿意对我说，我就装不知道吧！

孩子们心里清清楚楚，他们渴望父母像对待大人一样对自己开诚布公，可大人往往即便猜到孩子可能知道了，也还是不愿对他们讲实情。这一方面是他们自己说的保护孩子之心，另一方面是他们自己面子上过不去，不知道如何对孩子讲。

某初中三年级班主任在收拾学生课桌时，扫出一团揉皱的纸条，打开后发现是两个孩子的对话。

A同学："你妈真逗，还以为你不知道哪！"

B同学："她觉得我智商只有一年级吧。"

A同学："你就别问了，她觉得那是对你好呢。"

B同学："什么呀，她还对我爸不死心呢，好像对我说了会影响他们复婚似的。其实，我爸才不会回来呢，我都看出来了她还不明白呢。我想和我妈谈谈，让她认清形势，别再跟那家伙浪费青春了。反正她也不老，说不定能遇到个好的呢。"

A同学："那你就跟你妈正式谈一次。"

B同学："你脑子进屎了吧？我要敢谈她还不得劈了我。在她眼里我什么也不懂，就一婴儿，还敢干涉老妈的事。"

老师非常惊讶，她立即找来孩子的妈妈，与她进行了长时间的沟通。原来，这家父母上月刚刚离婚，妈妈虽然情绪极为低落，却想保护孩子不受影响，所以一起没有对孩子说实话。让大人没想到的是，孩子早已清楚家庭的变故，妈妈保护的翅膀并没有起到任何作用。

单身上班族妈妈忽视了一点，你不是上帝，你控制不了孩子的思想，也不可能把世界排除在孩子之外。他们需要知道真相，需要得到妈妈的尊重，也希望能够分担妈妈的心事。

单身上班族妈妈还有一个习惯，她们总是喜欢替孩子做决定。比如给孩子报什么兴趣班，让孩子考哪所学校，放假的时候带孩子去哪里玩等等。只要是孩子提出的要求，或是涉及孩子的安排，她们都会仔细分析权衡再三，然后拿一个自己认为完美的方案强加给孩子。

这些无意识的主观行为，都说明单身上班族妈妈对孩子的管理欲和控制欲。在孩子们看来，这就是妈妈对自己的不信任，越是长大越是感觉受制于妈妈，便会萌生挣脱的想法。适时地让孩子自己做出一些决定，尊重他们的一些想法，是对他们最好的锻炼，也是增进妈妈和孩子互信的机会。

不管妈妈多用心，也不管你多优秀，也不可能完全包办孩子的现在，更不可能替代他们面对未来。孩子总是要长大的，不给他们独立思考的机会，就等于制约了他们的成长。社会是复杂的，是存在一定危险性的，可并不是你拒绝孩子接触与进入，就可以规避复杂与危险。反倒有可能因为妈妈处处替孩子做主，导致最终收获一个难以融进社会的孩子。如果遇到一些独立性强的孩子，也有可能会在成长后期拼力反抗，造成母子不和，严重的甚至会出现反目。

一位亲戚，也是单身上班族妈妈，女儿从小在她的悉心呵护下长大。大学报到三周后，女儿居然跑回了家，对着妈妈大哭不止，说什么也不愿意再回学校了。妈妈问她原因，都是些鸡毛蒜皮的事，比如同学都自己叠被子只有她不会，宿管老师检查时说话不好听。再就是同学打饭排队特别长，轮到她都没好吃的了。最让妈妈受震动的，是女儿不会洗衣服，连袜子都要放在床下等周末回家妈妈洗，结果同学嫌她太脏太臭，都不爱理她。

妈妈可以照顾孩子一时，却无法替他们过一生，未来只有他们自己面对，妈妈无法替代。如果妈妈试图全程代办，只能让孩子与社会脱节，待到妈妈代不动办不了时，孩子必定会茫然无措受到更大的伤害。

很多单身上班族妈妈，在度过艰难的教育初期后，却要面对孩子强烈反抗的青春期。妈妈们会感觉刚熬出生存与养育的关口，又掉进教育失败的陷阱。究其源头，多半是妈妈们对孩子干预过多，不给孩子独立思考的机会，用自己成年人的脑子为孩子安排一切，丝毫不考虑孩子的需求所造成的。

总而言之，妈妈不是上帝，不可能全面控制孩子的现在与将来，更不可能全面满足孩子的所有需求。只有适时的放松，有效的引导，用商量与建议的方式沟通，才可能收获最好的效果。

永远不做孩子的ATM

一些条件较好的单身上班族妈妈，因为自己比较忙，觉得没有给孩子太多时间是一种亏欠。于是，在钱上就格外大方，能满足的尽可能的满足，能给予的无条件给予。把金钱上的宽松当作对孩子的补偿，把经济上的富裕当做给孩子心灵上的慰藉。

小然妈妈是做化妆品生意的，业务范围遍及华北好几座大城市，光是连锁美容院就开了三十多家。在小然的成长过程中，最不缺的就是钱，最缺少的就是妈妈陪。小时候，小然一套小衣服要几百元，玩具更是多得摆满她20平米的活动室，零食吃到想不出要吃什么。

到了中学，小然已是穿则名牌，用则最新款。手机只用刚上市的，笔记本电脑从十四寸使到掌中机，每天还有专职司机接送上下学。可以说，这是一个典型的富二代子女。

小然妈妈觉得，自己单身一人，所有的一切都是孩子的，事业再好也都是为了孩子，挣了钱当然就是给她花了。可是，这样给予的结果，是小然初三就厌学了，经常逃课一周以上，学习成绩永远倒数第一。到了初二下半学期，小然已经开始与校外男生处男女朋友，数度与男友同居夜不归宿。

无奈的小然妈，把她送进了高档的私立学校，希望能够管束她使之有所改变。却不想，小然非但没有改好，还在学校里打架滋事，和同学比穿戴比名牌用品。几乎所有老师见了这个孩子，都表示无法管教。事情发展到这一步，大出小然妈妈的意料，她不明白在自己提供的这么好的条件下，小然为什么会变成了这个样子。

最让小然妈妈想不到的是，小然养成了说谎的习惯，只要能从妈妈手里骗到钱，她什么瞎话都敢编。每次骗成功，她会立刻全部花掉，还洋洋得意地到处吹嘘自己的本领。一旦骗不到，她就会乱发脾气离家出走。

小然妈不明白，自己这么疼爱的孩子，怎么就变成了一个小魔女呢？妈妈的不解小然给了答案。在一次学校打架中，她伤了另一位同学，小然妈跑到学校挥手就给了女儿一个耳光。小然没有哭，她流着泪笑了，大声对着妈妈喊："你总算给了我一样钱不能买到的东西。"

事情坏就坏在小然妈妈用钱来代替母爱。小然从小就是和保姆在一起的时间多过妈妈，不管是上学还是玩都是司机和保姆陪伴，睡觉也是独自听着阿姨讲故事很少有妈妈陪。她内心多么希望妈妈可以和她说说话，给她一个拥抱啊！可妈妈却永远是给一堆钱解决她的需要。最终，小然和妈妈没有什么感情，只能是通过不听话来发泄不满，引起妈妈的重视。

小然家的例子的确比较极端，但在许多单身上班族妈妈身上，都有小然妈的影子。感觉自己对孩子不周到，就努力用钱来弥补，哪怕并不十分富裕，也是紧了自己满足孩子，结果补得孩子成长出现偏差。

我亲眼目睹过一个单身上班族妈妈家的晚餐，一共做了两个菜，一个是油焖大虾，一个是素炒小油菜。妈妈整顿饭只吃白菜，而虾都给孩子吃了。我问她为什么自己不吃，她说家里没条件吃虾，买这点儿就是给孩子解馋的。我非常痛心，不是因为妈妈的无私，而是孩子对自己吃虾妈妈不吃的心安理得。整个吃饭过程中，孩子没有一次让妈妈尝尝虾，也没有为妈妈留下一只解解馋。这不是孩子的错，因为妈妈从来没有这样教育过，长期的灌输让孩子觉得好东西就是他一个人的。

爱并不是用给多少钱来表现的，单身上班族妈妈不必因为自己工作忙，或是没给孩子完整家庭，就拼命用钱来寻求心理安慰。真正的爱是用行动来诠释的，它或许一分钱都不曾花，却可以开出绮丽的爱之花朵。

小虎的妈妈条件也非常好，可她没有像小然妈妈那样，孩子要什么就给什么，而是告诉小虎做事花钱都要量力而行。特别是在小虎青春期的时候，别的孩子开始攀比，小虎也有这种苗头。小虎妈妈作为单身上班族妈妈，非但没有给予小虎更多的钱来满足他，反而是和他一起到青基会找了个一帮一的助学对象，每到放假她一定会抽一点时间送小虎去对方家里住两天，如果时间允许，她自己也会在那里陪小虎一天。

　　小虎看到了同龄孩子在艰难中求生存，克服困难努力学习的真实场景，比妈妈说无数句勤俭节约更有教育意义。在这样的生活实践中，在妈妈良好的教育方式熏陶影响下，小虎不仅从来不乱要钱，乱花钱，还在关键时刻把自己的压岁钱全部拿出来，捐献给了汶川地震灾区。

　　同样的单身上班族妈妈，不一样的教育结果。由于妈妈对钱的态度不一样，处理孩子最早的金钱意识的方法不一样，同样深爱孩子独自带孩子的妈妈，教育出了两个价值观完全不同的孩子。

　　当孩子孤单时，他们需要的是朋友，是身边有人陪，是正确的指导与帮助，这些给予比几百元几千元钱更有意义。当孩子受伤时，温暖的话语和慈爱的眼神，比给他们高档消费品更能帮他们走出伤痛。当孩子学习成绩下滑时，陪他们聊天，用心沟通，找到问题点，安排个好老师，比给他们多少辅导书，上任何一所高档培训班更能有帮助。当孩子一个人在家时，一声问候，一盒热便当，比几百元的独自大餐更能温暖他们的心。

　　爱，是发自内心的行为与关注；爱，是任何物质与金钱都无法替代的。所以，单身上班族妈妈切忌做孩子的ATM，否则爱将被曲解，教育的方向将与美好的愿望相背离。

六　打开你的心，走进孩子心

　　单身上班族妈妈待到孩子长大一些，会有一个比较一致的困惑，那就是孩子难沟通，心理活动难了解，有事宁愿跟同学朋友讲也不愿意告诉妈妈。

　　时常有单身上班族妈妈讲，后悔自己一直忙工作，现在孩子上高中了，根本不知道他（她）在想什么，孩子处于严重失控状态。自己虽然努力与之交流，尽量用朋友的口吻交谈，却是注定无功而返。

　　这个时候，单身上班族妈妈需要反过来思考，你和孩子生活的岁月里，是否允许孩子走进了你的心？你的心扉是否对他（她）是敞开的呢？

　　我想，大多数单身上班族妈妈都会说，自己对孩子历来很坦率，除非是不适合他（她）知道的，否则都是毫无保留的。

　　那么，让我们看看是这个样子的吗？大多数单身上班族妈妈都不能正确地和孩子讲家庭变故的真相，不是指东说西地回避这个问题，就是说尽对方的不好，让孩子坚信，导致这个结果的全是孩子他爸爸。

　　而在孩子青春期之初，孩子在交友和性问题上的困惑，单身妈妈一般都采取"长大了你就知道了"这类不负责任的答复。在孩子交友不慎的时候，单身上班族妈妈多半是不愿意花时间了解具体情况，待从老师或其他人处听到风声，普遍会采取武断干涉、粗暴制止的强制手段，迫使孩子离开同伴。所有这些，是许多单身上班族妈妈通行的做法，却无一例外都是真正敞开心扉对待孩子的妈妈不应该做的。

　　只是，当别人告诫单身上班族妈妈这样做不对时，单身上班族妈妈会强调，自己的事不讲是为了孩子好，也是对孩子的一种保护。真的是这样吗？若是真心为孩子好，恰恰不该这样做。一个不坦率不真诚的妈妈，怎么可能教育出一个坦率真诚的孩子呢？

孩子必然会一天天长大，他们渴望妈妈的信任与真诚，特别是单身上班族妈妈家的子女，他们更盼望能够早些帮妈妈分担点什么。单身上班族妈妈不必因为过去的事情而藏头露尾，抑或是遮遮掩掩推卸搪塞。任何事情都有积极的一面和消极的一面，同样一件事当你用积极的眼光看待，用积极的口吻去讲述时，孩子同样是会用积极的思维去接受。

如果一再有回避或是抵制交流，孩子会寻找其他途径获知，而这类途径是否正确，是否能够积极就不得而知了。一旦孩子在妈妈之外找到答案，孩子就会觉得妈妈不真诚，对自己缺乏信任。那么，孩子逐渐地对妈妈关上心门就无可避免，再想打开难度就会增大。

所以，要想让孩子对自己坦白真诚，首先要自己做到敞开心扉。不管是家庭问题，还是孩子成长中逐渐了解的问题，只要孩子提出来，就应该采取正面回答的方式。即便是自己也不甚了了的事，也不用逃避或是对孩子发脾气。妈妈只需要对孩子说，这个问题我也不清楚，让我们一起来寻找答案吧，再身体力行地与他们一起找答案。

如此教育子女，能够让孩子懂得，任何问题的答案都可以通过查找、问询、研究获得。即便暂时找不到答案，也有妈妈可以帮助自己共同探讨研究，也能够如同那些科学家一样，努力学习长大后自己找到答案，从而培养孩子发现问题解决问题的兴趣。同样，这些做法还可以增进母子之间亲密度，可谓一举两得。

七 亲子时间少，快用小妙招

爱孩子，亲近孩子不一定要天天守在一起，平常没有时间接触时，一样有办法和孩子亲密无间。单身上班族妈妈最大的难题，是没有其他妈妈那样多的时间给孩子温暖，帮助孩子了解世界、学习知识。不用怕，任何问题都会有相应的解决途径，只要用心就一定能做一个虽然没有天天腻在一起，但同样给予孩子温暖爱护的好妈妈。

利用好现代通讯工具

我师范同学小荣的女儿时常抱怨她的妈妈不关心自己，对自己的学习、生活从来不闻不问。好容易醒着见一次妈妈，她也只知道问考试成绩，连自己哪天来月经的都不知道。

而小荣则委屈地抱怨孩子不懂事，自己一天到晚忙得要死，好容易回家吃顿踏实饭，却还要看她的脸色。母女之间的矛盾越来越深，偶尔会爆发争吵几天都不再说话。

其实，小荣并不是不关心女儿。只是，她是做教师的，每天大量的时间都放在了学校，面对着一群淘气的孩子总有操不完的心。如果带不好班级，就可能明年不再是班主任，那样收入就会下来很多，家里的生活水平就会直接受到影响。

除此之外，她还要照顾瘫痪在床的妈妈，在这样的环境条件下，她哪有时间和孩子说话，关心她想什么呢？能照顾好她的吃喝，交齐学费就已经让她疲于奔命了。她觉得，女儿是越大越不懂事，不知道体谅妈妈的辛苦。

而站在孩子角度看，妈妈像个陀螺，成天见不到影子。自己生病她也逼去上学，说什么也不让休息一天。还不如同学和老师，至少人家能够给自己倒杯热水送几片药呢。学校开家长会，别的同学都是妈妈爸爸去，只有自己，不是舅舅去就是要自己替妈妈请假，她感觉非常丢人。

的确小荣有自己的难处，让她多陪女儿，保证次次家长会都去开根本做不到。但她可以利用现代通讯设备，借助这个帮手，在孩子到家自己还工作时，给孩子打个电话，问问学校情况，嘘寒问暖一番，听一听孩子有什么心里话要讲。

此外，还可以通过短信与老师保持联系，了解孩子在学校的情况，知道老师近期对孩子有什么要求，需要家长协助做什么事。如果家长会确实去不了，也可以电话直接与老师沟通，不应该让孩子跟老师请假，避免孩子感觉失落。

在社会大踏步发展的现在，单身上班族妈妈要学会充分利用现代通讯设备，以在有限的时间里实现与孩子无距离沟通。即便身在公司加班，也可以同独自在家的孩子视频说话，让她感觉到妈妈的存在与关怀。还可以时常通过电子邮件发些有趣的故事、励志的小文给孩子，让他们体会到虽然妈妈不在身边，也同样时时刻刻惦记着自己。

用好现代化通讯工具，能够使忙碌的单身上班族妈妈，实现与孩子零距离交流，让缺少依靠的孩子不再感到失落，让孤独的他们不再寂寞。保证妈妈的心，时刻与他们的心一起跳动，随时随地能够感知妈妈的爱与关注。

亲情小纸条

吴桐上大学报到的那天，把一个盒子郑重地交给了妈妈。他说："这是我的宝贝，帮我保存好。"吴桐妈妈送走儿子打开盒子仔细翻看：竟是是12年来自己给儿子写的满满一盒小纸条。

吴桐妈妈在孩子六岁时送走了孩子他爸，一场车祸让这个家剩下了半边。从那以后，做编辑的吴桐妈妈就开始独自照顾儿子，虽然单位很照顾她，但工作时间依旧要服从职业需要。

　　晚上下学回家的吴桐，从一年级开始就要自己热饭吃饭，写作业时也没人可以请教。吴桐妈妈虽然人在岗位上，心里却装满不安，眼里看的不是文字，而是儿子充满期待的大眼睛。慢慢的，吴桐妈妈开始给儿子写纸条，通过这种方法传递母爱教育儿子。

　　她会在做好的饭旁边留下纸条，写上："儿子，一定要热透了吃，不然会肚子不舒服的。爱你的妈妈。"

　　她会在出门时，将纸条贴在儿子门上，写下："晚上注意睡觉前关灯关煤气，门一定要锁上。爱你的妈妈。"

　　她会在出差时写个纸条放在儿子铅笔盒里，写上："一个人在家注意安全，钱不要都带在身上，作业不会的地方给妈妈打电话。爱你的妈妈。"

　　孩子有些偏科时，她会把买好的教辅材料放在儿子书桌上，旁边放上一张小纸条，写着"这些可能适合你，我的儿子最棒，相信你能超越自己。爱你的妈妈。"

　　慢慢地，吴桐也会给妈妈留纸条了。母亲节会有一张"妈妈，祝您永远快乐"的纸条，静静躺在妈妈的手机旁。吴桐去夏令营的时候，餐桌上留下"妈妈：一个人在家不许凑合吃饭，我不在您可以多睡会儿。"的纸条。偶尔，周末吴桐出去之后妈妈才起床，会看见门上贴着"早饭我买了，您别忘记吃"的纸条。

　　一种属于他们母子的爱的传递方式，在十多年中持续着，吴桐妈妈从来没想过，这样的方式会帮她教育出懂事体贴、成绩优异的好儿子。

　　事实证明，一张张小小的纸条，成为了妈妈与儿子的亲密纽带，让忙碌中的妈妈把爱轻轻播撒在儿子心中。也让儿子学会了把爱回馈给爱他的人。

　　许多单身上班族妈妈都苦恼于与孩子交流时间不够，渠道不畅。写张小纸条吧，简单到只需要不到一分钟的时间，它可以弥补亲子时间少的缺憾，还可以架起母子之间爱的桥梁。妈妈们，不要觉得麻烦，只要用心去做坚持不懈，你也会拥有一个懂事优秀的好孩子。

拼接时间碎片

对于单身上班族妈妈来说，大块的时间非常难找，她们只有些零碎的时间用在家庭中。所以，学会把时间碎片拼接起来，是单身上班族妈妈们的一门功课。

既然时间不完整，那么就利用诸如早晨起床后的短暂时间。在实际生活中，这个时候多数妈妈会一脸焦急地忙着催促孩子"快点，快点！再晚迟到了！"。要不就是慌手慌脚地唠叨"孩子，麻利点儿，要不吃不上早点了！"。

而聪明的妈妈会在这个时段里和孩子说说闲话，边帮他们整理东西，边给他们预备可口营养的早餐。比如，讲讲昨天学校有什么事需要妈妈知道吗？有什么费用需要交了吗？发生什么有趣的事情了？让孩子在轻松的氛围中慢慢醒来，在舒缓的环境下和妈妈说些心里话，在短暂但愉快的时间内品尝妈妈的爱心早餐。

这样，孩子在没有压力的气氛中，感受到妈妈的存在和关心，才是真正用好了难得的相处时间。这一片短短的时间碎片，就被用得淋漓尽致。

再有，把偶尔周末一起赖床的时间用好，也是聪明妈妈的技巧。一般周末难得休息一下的妈妈，会独自享受一个小小的懒觉，或是因为急着做家务，根本就拒绝懒觉。

请记住，这个时候妈妈不必太过追求家庭卫生质量，也不要只是一个人享受多睡一会儿的美好。而应该把这段难得的早晨赖床时间，留给心里期待你亲近的孩子，让他们有机会与你肌肤相亲。如果条件允许，就和孩子睡在一起一天，在黑夜中让他们知道你在旁边守护着，在他们即将醒来的时候，说几句温馨的话,用手轻轻抚摸孩子的头发或是脊背。珍惜这样的亲近时机吧,因为孩子渐渐长大,当他们不再能与你这样依偎时,他们会永远记得这些美好时光的。

每天晚上回到家里,不管几点钟,也不要在乎孩子是不是睡着,你都有必要出现在孩子房间里。只要你的呼吸、你的味道在他(她)的周围,孩子即便是睡着,也能感受到你的存在,也就获得了安慰与安全感。而不应该进门看见孩子睡了,就悄悄收拾下自己也休息了,或是再次投入到加班工作当中去。

如果孩子不是寄宿,最好每周都有一两天早些回家,利用一起吃饭的时间,和孩子沟通些功课之外的话题。但不要太敏感,孩子本就和妈妈接触少时,会对自己说话时妈妈的反应非常注意。作为单身上班族妈妈,切忌对孩子一些所谓超出孩子范围的话立刻表现出过度激烈的反应。要学会听,不要总是抢着当说话的主角,更不要动不动就紧张起来对孩子批评教育。

不管是寄宿孩子的妈妈,还是走读孩子的妈妈,单身上班族妈妈都应该至少抽出每周半天时间与孩子共同做些事情。哪怕就是坐在家里聊天,摆弄玩具,看动画片,或是在院子里跑跑。因为孩子对于时常陪他们说话和玩耍的人,最容易产生信任。所以,这些时间一定是要抽出来的,因为孩子不可能对一个近似于陌生的人产生好感和信任。

总之,无论单身上班族妈妈有多少工作,多少应酬,都要努力把零星的时间交给孩子。做到有计划有目的地使用这些时间,就可以适当弥补孩子与妈妈相处时间少的缺憾。只要有条件,哪怕只是五分钟、十分钟,也会收到非常好的效果。

八　情绪管理时刻都需要

　　单身上班族妈妈每天的压力都非常大，不论是工作上还是生活上，都可能有临界情绪燃点。一旦引爆，极易进入焦虑状态，情绪较难控制。是人就有情绪，是情绪就有起落好坏，没有谁能永远阳光快乐，也不可能遇到挫折难处不郁闷不冲动。作为单身上班族妈妈，遇到内外压力冲击时，难免会有承受不了的时候，也不可避免会出现急躁冲动。

　　有这样的情绪可以理解，但如果在孩子的面前爆发，后果就比较严重了。因为你可以是长期压力的积累爆发了，也可能是在方方面面的压力推动中愤怒了，可是孩子并不明白这些来源与理由，他们会被你的情绪所困扰，在毫无准备与提防中陷入恐惧。

工作生活两分开

　　很多时候，单身上班族妈妈的情绪滑坡多是由工作上的辛苦与挫折引起的，当她们在工作遇到瓶颈、障碍，或是其他压力时，不可能不表现在情绪当中。这个时候，疲累一天的妈妈回到家，看到孩子没做功课，或是醉心于打游戏、煲电话粥，负面情绪爆发的导火索必定会引燃。

　　而孩子却是没有任何思想准备的，他们会莫名其妙妈妈的愤怒为何如此之汹涌。平时，自己再不乖她顶多也就是唠叨几句，今天却是冲天大怒。茫然困惑的孩子，在妈妈的暴躁情绪直接引导下，他（她）的情绪极速变坏，甚至产生强烈的敌对反应。

说到底，孩子不专心学习事小，妈妈感觉自己工作非常累还受到许多委屈，这全都是为了孩子为了家。现在，回家却见到孩子没有用功，积压在心底的委屈加压力就同时发泄了出来。

作为单身上班族妈妈，最容易陷入的就是委屈心态，而委屈多了就产生抱怨。在这个家中只有母子二人，情绪失控后直接受伤的就是孩子。所以，以孩子为借口抱怨生活发泄委屈，这是许多单身上班族妈妈不自觉的行为。

要想解决这个问题，就要把工作与生活严格分离开。每天不管工作中遇到什么事，进家门前给自己三分钟，梳理工作给情绪带来的负面影响，全部打包扔在门外一丝不留。再想一两件你记忆中开心的事，特别是孩子带给你的快乐，然后带着微笑进门。

坚持这样做下去，把情绪的燃点把握在可控的范围内，即便是控制不住，也绝对不可以爆发在家里，爆发在孩子身上。工作，永远只是生活的经济来源，而不是毁灭生活的导火索。

有话心里转三圈

许多单身上班族妈妈都喜欢快人快语，对任何事都讲求速战速决，在家里也保持着工作上雷厉风行的特点，要求起孩子来如同要求下级员工。

当孩子做了什么事自己不满意，或是捅了漏子回家，学校老师告了状之后，她们会立即做出反应。要么长篇大论地教育孩子一通，要么大发雷霆之怒严词审问，甚者会诉诸暴力以达到迅速解决的目的。

不论怎样的反应，从妈妈的角度上看都是正常的、合理的、为孩子好的。但是，这样反应的效果，必定是不好的，达不到管教目的的，甚至会制造母子矛盾的。真正善于处理孩子这类情况的妈妈，都是能够控制情绪的好妈妈，是会让这些冲动在心里留一下，转三圈，再行动。

如果听到别人告状马上追究训斥，遇到孩子犯错立即抓住批判，其结果只会让孩子处于抵抗状态，从心理上不接受妈妈的教育。也许，单身上班族妈妈会说，我都快忙死累死了，他（她）还不给我争气，我还不能说了吗？我怎么能够不生气呢？

不是不能说，也不是不能生气，而是要艺术地说，技巧地表明你的不满。既然要说就要说得有效果，既然要制止，就要达到制止的目的。简单的发脾气、训斥、打骂孩子，是不可能让孩子从心里接受你的说法的，甚至会造成心里阴影。有些大孩子逆反严重，妈妈苦于找不到根源，说到底，正是妈妈们过于激烈，过于情绪化的反应才导致了孩子的反抗。有些孩子心事重，有可能会与妈妈保持距离，直至拒绝沟通交流，严重者会离家出走。

遇到类似的情况，妈妈要把马上冲口而出的话放在舌尖转转，留在嘴里咀嚼一番。任何不经大脑的话都是不该说的话，相信单身上班族妈妈对公司上级、同事都明白这个道理。那么对孩子也是一样的，任何头脑发热时的言论，都不应该是妈妈对孩子的表达方式，人在情绪不稳时会口不择言，其结果是让妈妈和孩子双方都受到巨大的伤害。即便事后后悔，再设法弥补，也可能来不及挽回。

当妈妈学会把话留住之后，给自己几分钟冷静，降低自己的情绪火焰。然后，妈妈们会发现，再出口的话是可以被孩子接受的，你的教育不用通宵达旦，不用引经据典，不用歇斯底里，只要平静地讲点故事，说点经验，抑或严肃地面对已经同样平静下来的孩子，告诉他什么事是坚决不被允许，什么事是可以谅解的。你就会见到发现，孩子是可以接受批评帮助的，是能够理解妈妈忧虑烦恼的。

任何妈妈，只要学会话留口中转三圈，必会收获一个欣然接受教育的好孩子。

化委屈为动力

委屈是很多单身上班族妈妈时常遇到的情绪，本来就是独自抚养孩子，工作上再不随心，孩子再偶尔淘气惹事，家里再缺乏理解和支持，那么，这些妈妈的情绪必定会不好，因为她们也是人，是有血有肉知道心痛知道难过的女人，是有情有义承载悲喜的女人。

小聪妈妈因为孩子期末考试不好，忍不住对他大发雷霆，先是说孩子不用功，一步一步延伸到他的毛病都是得自他爸爸的遗传，再诉说到这些年来自己独自养育他多么不易。如此持续了一个多小时，小聪的情绪从考砸了的歉疚自责，慢慢转为痛苦厌烦，最终化成对妈妈的不满。

虽然，孩子并没有当场顶嘴反抗，但不接受妈妈批评的表情渐渐挂上满是泪痕的小脸儿。小聪妈妈见自己苦口婆心非但没起作用，孩子反而更加过分，一点儿羞愧的感觉都没有了。一瞬间，小聪妈妈失去控制，委屈地大吵大嚷起来。

这样的情况反复多次，小聪学习更加不用心，甚至开始逃学。小聪妈妈伤心失望之下情绪更加低落易怒，与孩子的冲突逐步升级，直到有一天互相推搡起来。

其实，问题的关键点并不在孩子身上，而是在单身上班族妈妈的心态上。如果不是一个人养育孩子，不是工作上给自己的压力过大，孩子偶尔犯错她定不会这样反应强烈。真正导致妈妈教育失误的，不是孩子淘气不听话，而是妈妈没有管理好自己的情绪。

动不动就大诉自己做单身妈妈的委屈，动不动就拿孩子的小过失吵闹，不要说是尚不能领会生活的孩子，就是成年人也会厌烦的。对于自己的情绪，单身上班族妈妈最首先要摆脱的，就是顾影自怜和满腹委屈。如果孩子做了什么事都往你有多难、你有多不容易上联系，那么你的这些付出也就一文不值了。试图博得同情，一定没有同情，试图提醒对方感恩，对方一定没办法感恩。

单身上班族妈妈要想让孩子感念自己多年的辛劳，唯一的办法就是平静地面对艰难，让孩子在与自己相处中去体会。如果天天提醒孩子，唯恐他忘记自己有多好多不容易，特别是在孩子本就因犯错或是失误而心怀歉疚时，那你就只能得到强烈的反抗与极度的厌烦。

单身上班族妈妈们，与其挣扎在委屈的旋涡里，不如多给自己几个阳光的理由。比如看见晴天想到鸟语花香，看到阴雨想到诗情画意，遇到孩子犯错或是失利，想想自己也曾经有过类似的童年时刻。以孩童之心看待孩子的行为，用理解和包容去看待孩子的小过失，以严肃的谈话直接处理孩子的错误，拒绝借题发挥大抱委屈。

只有妈妈们懂得用心去剔除自己情绪中的灰暗面，摒弃动辄株连孩子爸爸的习惯，将委屈转化为动力，用阳光的眼神阳光的话语对待失利或是失误的孩子，你定会收获一个乐观阳光的好宝贝。

定期给心情放假

人都不是永动机，天天在高压高速中运转，让谁保持好的心态、好的情绪都是个难题。单身上班族妈妈也是人，也会累也会烦，而回到家只有妈妈和孩子，这些累和烦就会影射到孩子身上。即便是妈妈很会克制，不发脾气不吵架，其内在情绪也会通过表情言语甚至是细微的行为变化影响到孩子。

因此，不妨定期给自己的心情放个假，适当培养一些工作、育儿之外的兴趣。很多单身上班族妈妈都说，别说放假了，就是睡眠都永远不够呢，还谈什么兴趣，自己根本没时间培养任何兴趣。这都是因为自己没有尝试，很多兴趣并不会占用太多的时间，放假也不等于彻底在家休息。

每天中午坐在工位上闭目十分钟，完全不想工作也不想孩子。下班车上听听音乐，地铁里看一份八卦报纸杂志，睡觉前听一段幽默故事，所有这些都是给自己的心情放假。这些时间，相信每个单身上班族妈妈都可以找到，只要用心随时随地都能心情放假。

再有，不要小看和闺蜜、死党之类的煲电话粥，对于消化紧张情绪，释放内心压力，这些电话粥会产生奇效。每周拿出几十分钟，给能奉献耳朵的她们打打电话，倒苦水诉委屈说领导坏话都可以，相信妈妈们一定能收到出人意料的减压效果。

读师范时的同学杨子，她在紧张的单身上班族妈妈的生活中，抽空培养了自己绣十字绣的兴趣。一个简单安静的兴趣，让她找到了整理内心放松自己的方式，遇到任何棘手或是压力大的事，她就会绣上一朵花、一片叶来平静自己。待到一部分作品绣出来，她早已冷静，处理事情也就不那么容易焦躁过激了。

而我自己，则是利用运动来缓解压力，每周一次两小时的羽毛球，虽然打完非常累，可是情绪放松至少三天。再配合上每周末一次的40分钟慢跑，让自己从所有的繁杂事物中解脱出来，看天会更蓝，看人会亲切，回到家看到孩子，只有满怀的快乐与阳光。

适度发泄不良情绪

亚杰说自己快炸开了，这话我信。她工作在某国有银行，官职不低乃一支行之长，存款、贷款、商户、公司，哪项考核完不成都要人命。领导整天给脸色不说，到分行开会还要当着所有行长的面挨训，这让要强的她拼了命也要挤进前三名，不光不挨批还必须时常受表扬。

可是，回到家她必须面对快中考的儿子，这个阶段的孩子压力也非常大，时常情绪不稳。亚杰只能是把自己的压力装在肚子里，然后再帮助儿子缓解压力，如此一段时间她感觉自己有点不对劲。

先是对下级时不时控制不住发火，后来开始对许多事都不满意，再后来居然有一次差点跟下来检查的分行领导吵起来。这可不得了，从来都稳健能干、左右逢源的她，怎么一下子变得刺猬一样了呢？

最严重的时候，她回家听到儿子说话有些冲，马上就跟儿子嚷起来，那架势凶得自己都想不到，把孩子吓得目瞪口呆。也许，从他出生就没见过妈妈这样，他有点吃不消。

亚杰感觉再这么下去要出大问题，为了改善现状，她试过找朋友聊天，也找心理医生咨询过，但都没有明显效果。最后，她听说日本有人为了释放压力摔盘子。她想，摔盘子成本实在太高，而且也不安全。回到家亚杰把自己心里郁结的问题分别写在一摞旧报纸上，一张接一张撕了个干净彻底。让她没想到的是，撕过报纸以后，自己的心情真的缓和了下来。

这之后，她开始注意让自己适度发泄情绪，不管撕报纸还是跑到山顶上大声呼喊，每次做完之后都会平静下来。

其实，不管谁的心都不是无底洞，装的烦恼压力过多，必定是会爆发的。所以，在没装满之前就释放出去，这是减压的最好办法。只是释放途径要注意，摔盘砸碗还是成本高有危险的，采用打沙袋、大吼唱卡拉OK、练拳击操会比较实惠也安全。

九 用心才能养育健康宝贝

干干净净不健康

很多妈妈都喜欢把宝贝弄得干干净净，小家伙稍有摸土玩泥就立即神经紧张。其实，孩子接触一些看上去不太洁净的东西，是增加抵抗力的一种方式，并不需要惊声尖叫来阻止。

别指望孩子永远不接触任何有细菌的东西，那样你需要把孩子放在无菌舱里养活。人离开妈妈的子宫，就必须要面对好坏并存的大千世界，只有增强抵抗力，才是最佳的健康成长之道。

小洁妈妈上班很忙，天天叮嘱保姆别让孩子碰脏东西，别吃生东西，别喝没煮的水，别用没消毒的用品。只要她在家，看见孩子手里有没洗的水果，放在地上的玩具，立刻像发生八级地震似的急吼吼嚷起来。可就是她这么用心，小洁还是体弱多病，有风就着凉，有雨就感冒，快上学了还是细弱得像根黄花菜。

其实，适当让孩子接触一些所谓的不干净的东西，也是提高孩子抵抗病菌侵入能力的好方法。妈妈可以时常让孩子玩一玩沙土，偶尔拿小桶铲子和和泥，在布满灰尘的地上爬几圈。所有这些，都是让孩子通过自身的防控系统调整、建立属于自己的天然防护墙。

有些妈妈总是给孩子吃精的，喝纯的，用消毒的，如小洁妈妈那样。最终，导致孩子抵抗力低下，一点外部气候变化，或是疾病流行，就会迅速重症缠身。

单身上班族妈妈可以在周末带孩子在社区里跑跑，让他们爬、跑、跳、打滚，然后回去洗干净。这样的活动，除了给孩子健康体魄，更重要的是让孩子的身体了解大自然，适应大自然，最终通过自我调整抵抗外部侵害。

没有谁可永远把孩子装在妈妈肚子里，既然这样，那就给孩子一个自由自在的空间，让他们在自然环境下生长。社会存在着污染，也存在着病菌，妈妈们绝不要有那种为孩子挡住一切不利因素的想法，那样只会让孩子失去良好的自身抵抗力。

合理饮食重于滋补

对于单身上班族妈妈而言，照顾好孩子的饮食的确不容易。自己工作忙，时常是下班到家已经很晚了，孩子的吃饭问题就容易忽略。有些妈妈是给孩子钱，让其到外面解决。而孩子并不明白饮食搭配的重要性，只知道什么方便什么爱吃，经常是各类快餐轮流打发。

同事艳姐的儿子，小学时候因为艳姐忙，又没有老人能帮她，就只能是整天凑合。只要艳姐一加班，定会打电话回去，让孩子自己去楼下解决晚餐。如此，儿子几乎一周三天麦当劳，吃得很痛快长得却像变形土豆。

为了让孩子变得健康，艳姐也没少努力，买了各种营养品补得孩子直流鼻血，却始终没见成效。

单身上班族妈妈要保证天天给孩子做饭，的确是难为了她们。但是孩子饮食不规律，搭配不合理，身体就会出问题。在这个方面，我认为不管多忙，都是不可以忽略的。妈妈可以选择早晨多做两个菜，等孩子回来让他们热了吃，这样在菜品搭配上就可以下功夫了。

如果时间真的不允许，也可以请小时工，每天只做一餐饭，保证孩子能够准时吃到营养丰富的饭菜。另外，现在许多社区都有社区餐厅，把孩子的晚饭安排在那里，也相对于天天凑合要好得多。

总之，任何事都可以用工作忙、一个人照顾家不容易来略过。但在孩子饮食方面，是绝对不可以长期不用心的。纵然孩子学习成绩优异、特长爱好出众，但如果身体不好，这些都是枉然。

定期体检坚持做

孩子是不是健康，不是妈妈们通过自己的感觉能够判定的，也不是很少生病就可以确认的。有些孩子看上去壮壮的，小脸也红扑扑，三年五年没生过病，可却会突然大病侵袭。

单身上班族妈妈平时本就来去匆匆，对孩子的观察比之全职或完整家庭的妈妈肯定少了许多。这样，单靠家庭照顾，孩子的一些健康问题就可能被忽视。

给孩子每年做体检，这是单身上班族妈妈保证孩子身体健康的必做功课。这不是简单的各科转一圈，而是通过体检，给孩子的身体做个梳理。要多听医生的建议，咨询不要怕麻烦，哪个方面弱，及时进行强化，哪个方面缺乏，及时补充。这样做是防患于未然，看似增加了麻烦，却是真正减少了麻烦，防病永远重过治病。

单身上班族妈妈们，怕孩子生病不如防止孩子生病，花一天时间，减少一年的问题发生几率。这个投入不仅是值得，更是非常必要、必须做到的。

体育锻炼坚持不懈

单身上班族妈妈为了放心，时常给孩子报一些学习班，既提高成绩又有人看着孩子。而孩子真正活动的时间，就因此少了大半，甚至处于基于没有的状态。

孩子正处在发育期的身体，离不开适当的运动，一个长期不运动的孩子，一定不会健康。

那么这些单身上班族妈妈该如何处理照管孩子和增加孩子锻炼的矛盾呢？其实，孩子在学校、幼儿园就已经是关了一天了，他们的学习只要专注，成绩就有保障。离开这些环境之后，妈妈们不妨给他们报些运动班，如游泳、武术、跆拳道、舞蹈等等，让孩子在一个快乐的环境中，增加他们的运动量，保证身心健康的成长。

每天晚上也可以让孩子在外面活动一小时，当然，如果妈妈能抽出一小时陪伴他们游戏，就是更好的运动加交流的机会了。这样，不仅孩子收获好身体，妈妈还会收获孩子的接受与信任。

粗茶淡饭加清水，养出健康好宝贝

现在的条件好了，家家都餐餐美味、顿顿大餐。对于单身上班族妈妈来说，自己努力工作为的就是让孩子过得富足快乐。于是，很多妈妈喜欢给孩子准备许多零食，吃饭也是越来越丰盛，鱼肉蛋奶样样齐全。

其实，诸如巧克力、糖果，还有甜味或碳酸饮料，并不适合发育期的孩子长期食用或饮用。这些食品当中多有添加剂，对孩子的健康成长有不利的影响。同时，长时间大量食用甜味零食，再加上有些孩子基本上拿饮料当水喝，会造成孩子牙齿、肠胃的疾患。有些添加剂中含有激素等成分，还会导致孩子肥胖或是性早熟。

我在幼儿园工作期间，班里有位男孩叫小宝，妈妈接他时总是带饮料和一些膨化食品，看着小宝不好好吃饭长得瘦瘦小小，我非常着急。在和他妈妈交流时知道，小宝小时候爸妈不和，所以关心他少，现在妈妈自己带他，总觉得要给孩子补回来，所以小宝爱吃什么她就给买什么，唯恐孩子再受委屈。

这样的爱和给予，造成小宝把零食当饭吃，把饮料当水喝。小宝妈也是担心儿子身体弱，只是不知道如何办，因为习惯养成了，再不给孩子就哭闹，妈妈见了就心软，所以一直没有改善。

小宝妈妈的做法代表了好多妈妈的心态，一方面知道这样不好，另一方面又不忍心让孩子不开心。

其实，不给孩子过多的零食，少给孩子喝饮料并不等于不给孩子好的饮食。白水养人粗粮健康，这些东西也可以做成美味，也可以让孩子爱吃。目前，有许多博客、网站都有适合孩子的粗粮细做方法，还有许多书籍，写儿童营养餐制作。妈妈完全可以学习之后做给孩子吃，如玉米、大豆、小米都能做出美味食品来。自己煮的冰糖莲子、百合银耳，一样不输任何饮料。

单身上班族妈妈不要觉得孩子跟着自己受了委屈，就一味地满足孩子所有要求。吃好不等于吃出健康，孩子健康比吃得痛快更重要。

十　走出交流误区，做孩子好伙伴

切忌见面就教育孩子

哪个妈妈不想自己是个好妈妈呢？单身上班族妈妈也如是，只是她们可以给孩子的时间比较少，自己内心总觉得做得不够好。如此，一些妈妈见到孩子就会释放关心，而关心的体现形式，就是问孩子乖不乖，学习好不好，会背几首诗，会写几个字，会做几道算数……

几个问题女人（离异单身妈妈）聚会，一个倒苦水说孩子不理解她的苦心，另外三个就跟上，轮番说她家也是。说到根本，并不是孩子不理解妈妈，而是妈妈的交流方式实在让孩子吃不消。

见过某单身妈妈进家门看见宝贝就激动，又搂又抱又亲，然后就是"你在家乖吗？"、"老师要求什么事了？"、"你和××吵架了吧？老师给我打电话了，你真不懂事"、"听妈妈说，要做好孩子别乱闹"……

也有单身妈妈，回家就检查作业，看到不满意的就批评教育，搞得孩子见妈妈比见老师还紧张。这样时间一长，孩子与妈妈的距离渐渐拉开，再想走近就困难了。

妈妈进门的甜蜜，变成了让孩子不胜其烦的教育课，年复一年谁能不厌烦？试想，你进公司领导就叫进去教育一通，你会如何心情呢？孩子也是一样。妈妈进门不妨说些轻松的话题，对自己是一种休息，对孩子是给了他说话的机会，他们会高高兴兴把一天中的新闻告诉你。这时候妈妈只需要给他个认真的表情，开心的微笑，不时点头就足够了。

坚持做下去，你会得到孩子的信任，更会知道一般孩子不愿和妈妈说的话。

不要随意打断孩子的叙述

单身上班族妈妈时常会犯一个错误，就是坚持不懈地提醒孩子，我是大人，或是我很忙。

去同学小荣家玩，她的宝贝女儿进门看见好久不见的我很兴奋，一边跟我说她的学校趣事，一边抱起个苹果啃。小荣脸色一下子沉下来，张嘴就是："大人说话别捣乱！那苹果放两天了，先洗了再吃！没规矩。"本是非常高兴的孩子，立刻像泄了气的皮球，虽然不敢还嘴，却在嗓子里嘟嘟囔囔。

同样的情况还有孩子正在大说自己认为很有意思的事，妈妈早已不耐烦，给孩子一句："妈妈忙着呢，自己玩去。" 就把孩子打发了。做妈妈的并不知道，她扼杀的是孩子主动与她交流的兴趣。

等到有一天，妈妈觉得孩子不爱理自己，自己说话他（她）当做耳旁风，才委屈地抱怨孩子不理解她的苦心。其实，孩子爱跟妈妈交流是天性，这种天性的消失不在于孩子，而在于妈妈是不是能放下身段接受孩子的交流信号。

或许孩子喋喋不休的话题的确对于妈妈很没意思，或者根本就让你觉得在耽误时间，可孩子却是认真投入地讲述着。所以，这种时候妈妈一定要克制自己，让孩子把话说完，让他（她）完整表达自己的感受，然后给他（她）一个小小的肯定。

即便是当时确实没时间细听，也不妨对孩子说："你说的真有意思，妈妈现在有事要处理，等我忙完你再给我讲。我真想知道后来怎么样了呢！"而且，要言出必践，在空下来之后一定要主动找到孩子，让他把没讲完的话说完。哪怕他已经忘记，也要表示出没听到结果的遗憾。

如此做了，妈妈就永远不会被孩子排斥，不会说孩子不理解你的苦心了。

看到孩子眼里的重大事件

做幼儿老师多年，我最大的体会就是孩子都是可爱的，他们的思想世界比我们想像的大。大人也许毫不在意的事件，他们会认真地研究分析，会长时间地观察。

一个宝宝会因为研究家里的红蚂蚁，晚上起来蹲在厨房好半天也不厌倦，直到把妈妈吓得惊声惨叫。说真的，当这个妈妈告诉我这件事时，她是怀疑自己的宝宝有问题。而我告诉她，有问题的不是宝宝而是你。

这位单身上班族妈妈白天很忙，所以晚上睡得死，孩子起来观察红蚂蚁的行为，发生了不知道多久她才发觉，而发现之后却只会惨叫连声。这个事件当中，孩子是充满好奇的，他不明白妈妈天天下药这个小东西为什么还是神出鬼没。他也无法找到整天辛勤工作的妈妈给予正确答案，于是，孩子认为这个家伙很厉害，需要看看它都在干什么。而妈妈说过，红蚂蚁喜欢晚上出来溜达，所以孩子就半夜起来研究。

我感叹，这孩子是多么地优秀呀，为了研究可以不用闹钟半夜爬起来，这种执着科学研究精神在大人身上太少见了。而妈妈的一声尖叫，基本上等于消灭了孩子的科研精神，因为吓到孩子的不是红蚂蚁，而是半夜人叫。

面对孩子的一些观察行为和特殊问题，妈妈们最好的处理办法，就是和孩子一起研究，用孩子的心考虑事件是否重大，告诉他们在哪里能找到答案。当然，这个时候翻翻书，给孩子读里面的答案，绝对是最好的教育加沟通机会。尖叫，毫无疑问是最糟糕的处理方式。

不要轻视孩子的问题

很多妈妈遇到孩子提问题，都喜欢敷衍了事，总觉得孩子什么也不知道，用自己的经验应付他两下就够了。要么觉得孩子问多了烦，打发两句就不答理他们了。而这些不负责任的应付回答，会给孩子造成妈妈不爱理自己的错觉，久而久之，孩子会自己找答案，不再问妈妈问题。

在单身上班族妈妈身上，这样处理孩子问题的方式非常常见，因为她们永远在提醒自己说"我很忙"。而等到孩子对自己不理不睬时，又痛苦不堪，想不明白孩子为什么离自己那么远。

有些妈妈在自己看书或是忙的时候，动不动就用个玩具打发孩子，或是打开电视找出动画频道锁定孩子。这些自己玩的孩子也好，看电视的孩子也罢，他们一定会有问题产生，而这时候妈妈们几乎无一例外地对孩子说"好好玩去！"，"看电视还闹，我给你关了啊！"，这样做不外乎是为了让自己可以安静一会儿。可是，孩子的心却受到了伤害，他们与妈妈交流的欲望会越减越弱。

重视孩子的问题，是妈妈亲近孩子、正常沟通交流的第一步，孩子感受到妈妈的关注和帮助，才会进一步走近妈妈。只有这样，母子之间的关系才能逐步加深。诚然，孩子亲近妈妈是天性，但久不维护，轻视他们的存在，这种天性也会渐渐淡去。

正常谈起爸爸和他的家人

离婚成仇，这是许多单亲家庭存在的不正常现象，似乎只要两个当初的相爱的不再是一家人，就期望永远不要提到对方，或是只当对方死了。单身上班族妈妈更是如此，因为自己独自抚养孩子，感觉孩子爸爸没尽义务，在原有的分离的怨恨上又加了一层厌恶。

其实，爸爸关心多了孩子妈妈也是不满的。遇见几个单身上班族妈妈，全是一个口气。爸爸对孩子的事发表意见，马上回以反感地表示，都离婚了，还瞎管什么？该管时跑哪儿去了？出钱时干嘛去了？

当然爸爸要是不管，就更是可恶至极了。有些姐妹总是气愤地抱怨，没良心的家伙，离婚了就彻底撒手了！什么都不管，需要的时候找不见人，最好永远别见。

作为妈妈有这些想法无可厚非，只是在孩子面前，对爸爸这个话题如对洪水猛兽就不应该了。毕竟血浓于水，让孩子百分之百不提到爸爸，这本就是难为孩子。脑子长在孩子身上，他（她）要想，你是阻拦不了的。

更有甚者，有些妈妈因为对前婆家意见比较大，孩子不要说提爸爸，就是提奶奶提姑姑提叔叔也是断不能容的。如此，家里就出现了这种现象，说什么都好，只要孩子一提爸爸，妈妈立即不高兴。沉得住气是来个长脸一拉不说话，沉不住气的不是痛斥前夫，就是大讲前婆家坏话。

再有一些妈妈，孩子一提爸爸，妈妈马上就说"他死了"。孩子并不傻，知道爸爸活得好好的，可孩子不敢说什么。也有些妈妈，和孩子说到爸爸时，就申诉他如何伤害了我，希望孩子与她站在她的立场对爸爸及家人同仇敌忾。

人总是要长大的，孩子长大后发现爸爸活得不错，还时不时带自己玩。或是，孩子能接触爸爸时，发现他接触的爸爸并不像妈妈说的那样。那么，妈妈在孩子眼里会如何呢？有些奶奶爷爷，并没有因为儿子媳妇离婚就忘了孩子，时常想看孩子，带孩子时又非常疼爱。孩子是能够感知到什么是亲情，什么是关爱的。妈妈在这个时候，最好的方式就是让孩子自己去认知，去体会，不要从中干涉或是大发脾气。

与其提孩子爸爸就烦，不如正常和孩子说说爸爸，讲讲爸爸和爸爸家人的好，说说孩子小时候爸爸那些疼爱他（她）的表现。告诉孩子父母不在一起并不是爸爸不好，也不是妈妈有问题，而是我们住一起不合适，分开才能更好交往，才能更好地爱你。这样，孩子才不会在渐渐有识别能力之后，对妈妈产生反感。

十一　赋予孩子阳光开朗的性格

生活在单身上班族妈妈身边的孩子，经常会出现性格缺陷，这并不说明单身上班族妈妈们不用心带他们，也不能全推说是家庭不完整造成的结果。这是在教育和自身影响过程中造成的。在孩子性格发展的过程中，妈妈们有些地方没有注意到，或是做得有失妥当，都有可能或多或少给孩子性格发展带来不良影响。

孩子是妈妈的镜子

单身上班族妈妈陪孩子的时间少，因此总是感觉孩子有变化，孩子这次见面乖就使劲地夸，下次见淘气就纳闷这孩子跟谁学的。这些感受，会通过妈妈的语言、神色表现出来。直接接受这些信息的，就是她们的孩子。

不用问是跟谁学的，孩子身上映出的多半都是妈妈自己。孩子天生对父母有模仿的意识，不管是吃饭、穿衣、说话、待人，哪样他们都会直接从父母身上学习起来。而单身上班族妈妈的孩子，模仿对象几乎只有母亲，他们在成长过程中潜移默化地受到妈妈的影响，他们吃饭的口味，举止行为，甚至是爱憎好恶，都更多地源自于妈妈的熏陶。

如果说单身上班族妈妈并没有时间让孩子多看自己，多了解自己，孩子就一定模仿不了自己，那可就大错特错了。孩子会在妈妈的一言一行中找到自己要学习的东西，对于单身上班族妈妈更是如此。因为他（她）没有其他可模仿学习的对象，唯有妈妈一个人可以让他（她）来参照，而因为妈妈不常陪伴身边，他们更是注意妈妈的言谈举止，更用心地记住妈妈的态度与行为。

所以，妈妈无意当中做出一些判断，说话的风格，待人的方式等等，已经成为了孩子的模仿蓝本。那么，我们的妈妈们就要注意，管理好自己的举止行为，再来批评教育你的孩子。一个行为举止得当的妈妈，会教育出一个相对优雅的孩子。一个在孩子面前牢骚不断、说话粗鄙、行为邋遢的妈妈，又会教育出一个什么样的孩子呢？

十二　妈妈的态度决定孩子的大部分性格

强势妈妈弱势儿

有人说厉害的妈妈容易带出暴躁的孩子，我倒不这么看。认识小帆的时候我很惊讶，一个虎头虎脑的小男孩，说话像怕吵到谁，只要你一语气重他就拼命往墙角躲。为什么会这样呢？初始的印象让我认为，小帆的家人一定很谨慎，是那种胆小低调的人家。可当我见到小帆妈妈，我却是大跌眼镜，这女人风风火火说话像挺机关枪，走路好似百米赛，活脱就一男人婆。

原来，一个强势的妈妈有时也会影响出一个弱势的儿子。一些个性强硬的单身上班族妈妈，在家时也用上班时的烈火般性格执掌家政、教育孩子，完全拿孩子当下属看待。孩子一句话没说利索呢，妈妈已经不耐烦，不断催促孩子快点说。孩子还没听明白妈妈说什么呢，妈妈早都表达完了，孩子反应慢一点儿她就火上房了。如此，孩子越来越小心，唯恐妈妈发脾气，性格中的自信开朗渐渐被遏制住。

有些时候，这类妈妈并不是不高兴，也没有发脾气，只是办事急躁惯了，给人的感觉就是在发火。孩子不明就里，在妈妈强大气场的压制下，做事胆小说话声小，随时都处于一种防守状态，时刻都担心惹人不快。长期这种生活状态，孩子的性格肯定怯懦，在待人接物上就会出现逃避与胆怯，更有可能造成孩子的表面懦弱而内心具有隐性暴力倾向。

强势妈妈暴力儿

单身上班族妈妈多半在单位都很要强，也喜欢表现得强势。这是职场上的种种残酷竞争导致的，也是她们在复杂社会中的生存需要。可是，这样的个性带回家，就会收到另一种效果。那就是孩子在你的压力下，感觉抬不起头，精神上高度紧张，甚至是模仿妈妈的强势态度，对人对事粗暴缺乏耐心。

有些妈妈遇到孩子出错，如同在公司训诫下属一样，把孩子叫到面前先诱供，再推理，然后再晓以利害。总之，要让孩子明白你那小脑子玩不过我。

这些招数用在部门管理上，应该是好方式，可用在家里对付孩子，就有点过分了。小孩子淘个气，没完成个作业，打破个碟子不承认，大可不必这么个审法。这样做只会让孩子觉得自己弱小，妈妈强大，一定要让自己强大起来才能解决这种尴尬。

对待孩子要用心沟通，告诉孩子说谎不好，或是讲一个《狼来了》的故事，举个说谎受罚的例子，完全可以让孩子明白你要讲的道理。妈妈们绕个大弯子，让孩子紧张得浑身发抖，内心充满压力和恐惧，这只会让孩子下次努力学习如何不让你知道。

在妈妈面前受尽挫折的孩子，压抑的心情无处释放，久而久之这种负面情绪的不断积累就会寻求释放。孩子会在遇到刺激的时候，用过激的行为来发泄心中的积郁，在与小朋友、同事的交往中，使用妈妈们用在他们身上的招数，更会用暴力释放内心的压抑。

那些遇到孩子突发暴力行为的妈妈不要奇怪，正是平时的积累和压制，才造成了孩子的暴力倾向。这个时候，不要再用强势的态度对待他们，而是要先抚慰他们，待平静之后问清情况，再告诉孩子暴力做法是不可取的。造成孩子这些问题，是妈妈长期不当教育方式的结果，要想纠正，妈妈们需要富有耐心，学会跟孩子讲道理。可以严肃，不可冲动，更不可以用打孩子来制止孩子的暴力趋势。

强势妈妈在单位强大就足够了，回到家还是要保持一位慈母的形象为好。因为孩子还小，不能理解职场的那些套路，幼小的他们需要的是温柔、体贴的妈妈。

妈妈强弱都是孩子的样板

强势妈妈的影响不好，并不意味着弱势妈妈就会有好的影响，孩子过于怯懦，同样会造成性格当中的缺陷。许多社交能力差，语言表达不清楚的孩子，就是因为从小生活在弱势的妈妈身边，遇事犹豫不绝，说话谨小慎微，内心想法不敢大胆说出来。

更有甚者，孩子因为看见单身上班族妈妈时常回来唠叨被欺负，却看不到她们积极应对，只是不断地唉声叹气怨天尤人。受其影响，孩子长大后遇事也会不进行正面积极的反应，只会背地里嘀咕。心里有了不满或意见，也不会积极寻求解决，而是私下议论，对人当面一套背地一套。这些行为表现，多半是小时候的家庭影响造成的。

不管是强势妈妈还是弱势妈妈，都要记得自己的言行不仅属于自己，还将影响到一个孩子的未来。你孩子的性格是否积极阳光，你的行为起着绝大部分的作用。所以，请单身上班族妈妈们，把强势的你们留在职场，把温柔和宽容带回家；把怯懦留在心里，把积极和阳光带回家。

别总拿单身说事

单身上班族妈妈们有多少难处自不必说，谁都知道一个人生活再带个孩子有多不易。但这些，都不是教育孩子失误的理由。在孩子幼小的时候，出现任何问题都用一个人又工作又养家不容易来当借口，是许多单身上班族妈妈的通病。

孩子在学校打架了，老师请家长，妈妈到校时已经一脑门气了，对着老师的批评一再强调我们是单亲家庭，所以管教不及时。孩子在旁边听着，本来单亲家庭并没有什么影响，妈妈的表现却让孩子知道这是一个自己犯错的理由。回到家再不断批评孩子不懂事，明明知道妈妈一个人顾了工作又顾家不容易，还要在学校惹事。孩子心中对自己是单亲家庭会立即产生强烈反应，或是反感或是抵触，渐渐会养成他们对自己来自单亲家庭的厌恶感。

幼儿园里小朋友之间发生冲突，姥姥来接孩子，发现自家宝贝被抓破了，心疼之际张嘴就说："我家孩子本来就爸爸不在身边，你们还欺负他（她），太过分了！"孩子并不知道单亲与双亲家庭有什么不同，可面前的例子告诉他（她），单亲家庭孩子不能受其他家庭孩子的欺负。

这一些看似小事的经历，在不经意间的暗示明示中，都会给孩子造成一种心理定势，那就是我来自特殊家庭，我和别的孩子不一样。一旦孩子再受到侵犯或是外部压力，一些孩子会激烈反抗，表现出暴力敏感冷漠。另一些孩子则会心理受伤，在内心厌恶他人，而表面假作没有反应，以达到自我保护的目的。

单身上班族妈妈最好的教育孩子的办法，就是不要在孩子面前用单亲说事，不让孩子觉得单亲与双亲家庭有什么不同。甚至在某些方面，单亲家庭还会更有益处，比方你可以告诉孩子你比别的孩子处理问题能力强，你会做的许多家务别的孩子不会。用表扬与夸奖，来鼓励孩子正确面对单亲家庭的现状。

许多孩子都是在幼儿期或是小学阶段走进单亲家庭生活的，妈妈边工作边带他们，已经在他心中形成固定态势。如果没有外部干扰，妈妈也不刻意强调，孩子是不会对这个生活形态有什么不容接受反应的。

但是，在现今的社会中，外部元素的影响是无法规避的。邻居、朋友、老师、亲戚，不管是出于好意的关心，还是恶意的破坏，都可能时常提醒孩子：你来自一个特殊的单亲家庭。

在这样的背景下，单身上班族妈妈如何教导孩子不受影响呢？

爱由信任生

首先，作为一个孩子的妈妈，对孩子满心爱意是必然的。只是，如何把爱播撒在孩子幼小的心中，是许多妈妈做得不得要领之处。不要以为爱就是呵护，就是照顾得无微不至，就是确保他长大成为你心中设想的那个样子，就是管理好他的一举一动一言一行。

真正的爱，表现在行为上的最佳方式，就是相信你的孩子。信任，是许多妈妈没有给，抑或是不敢给孩子的。单身上班族妈妈们更是这样，她们因为没有时间多陪伴着孩子，就在孩子不与自己在一起的每分钟里都担忧着，时刻寻思着孩子是不是淘气了，是不是学坏了。

婴儿的时候还好办，不管是放在亲戚家里，还是托给保姆，反正孩子给吃的就好，不磕碰就没问题。但孩子一旦有了思想，能够支配自己的行动时，妈妈们就开始惶惶不可终日。因为这个时候，孩子做什么，认识谁，想什么，都不是妈妈可以控制的了。有些妈妈会说，还不如放在肚子养着呢，想让他在哪儿就在哪儿，我做什么他就得跟着，根本不用着急。

可孩子总是要长大的，而且还是一天比一天更好奇，更需要知识的灌输。妈妈不可替代孩子的大脑，也不可能完全操纵孩子的行动。那么，怎样才能既保证孩子安全，又能给予孩子充分的信任呢？

如同大人需要自己的空间时间一样，孩子在家里也需要时间和空间，在他们真正想一个人呆着的时候，就给他们自己发呆的时间空间。大多数时候，妈妈看见孩子闹就烦，听不到孩子声音就急。这样，孩子就变得很迷惑，妈妈到底是嫌我烦，还是要我烦她呢？

其实，妈妈们大可不必神经过度紧张，孩子独自呆一段时间，最多不过是把房间搞乱，不会发生太多惊天动地的事。只要时常去看一下，不玩什么危险的东西，关好门窗就没有关系。这就是妈妈对孩子给予的初始信任。

在生活中，我们不妨多给孩子些信任，比方说在游乐场，让孩子选择一下要玩的游戏，而不是妈妈包办代替，一会儿这个好玩，一会儿那么有意思。到这些地方，就是让孩子体会放松与欢乐的，不要用大人的眼光看什么好什么不好。有些妈妈甚至安排好哪个游戏是为了锻炼孩子哪方面，根本不想孩子是不是愿意玩。其实，信任是体现在一些小事上的，小孩子能有什么大事要妈妈给信任呢？只有在小事上妈妈信任，孩子才会越来越自信。

一个生活在妈妈信任中的孩子，必然会做事有自信，也会对自己的需求非常清楚。而给予孩子信任的妈妈，更可以得到一个真实、自信、善于表达、懂得安排的孩子。

十三 让孩子体会做妈妈助手的乐趣

让孩子分担家务

可以说每一个单身上班族妈妈都会刻意让孩子少做事，不管自己多辛苦都要亲力亲为地照顾家，因为她们总觉得孩子跟着自己是受委屈，再让他们小小年纪做家务就太不像个好妈妈了。如果条件允许，她们宁可雇人来干也不让孩子分担。

孩子也是家庭的一个组成部分，他们也应该对家负有责任。安排他们帮助妈妈做些力所能及的事情，不仅不是伤害，还是最好的教导方式。

小青单独带着燕子生活了十年，燕子五岁她们就在北京安了家。小青在某公司做会计，为了日子过得宽松些，还在另外两家公司干兼职。平日，家里的事情小青都是自己做，可因为太忙总是做了这个忘了那个。

有一次，刚上小学三年级的燕子对小青说："以后我帮您洗碗吧，要不您总要很晚才能睡觉。"小青感动得眼泪在眼眶里打转，可回答燕子的却是："不用了，你有这心妈妈就高兴。"燕子嘴一噘："妈妈就是这样，总是不让我帮您，您就是不相信我能做好。"小青愣住了，想了想立即转变态度,高兴地对燕子说："好吧，以后咱家碗就由你来刷。"

小青本以为燕子就是一时高兴，这麻烦活做不过三天就会放弃。让小青意外的是，燕子一刷就是六年，直到高中住校才停止。小青后来不无得意地对其他妈妈说，自己家燕子懂事早，还能帮自己分担。

在妈妈们看来，孩子都不爱干活，而事实上是孩子干活的心被妈妈们的全能给阻拦住了。等到妈妈想让孩子干时，他们已经习惯于什么都不做，什么都不管了。要想让孩子爱做事，就得给他们适当安排事，孩子做了之后要表扬，千万不能孩子热情很高，妈妈却要返工重做。这样，孩子帮助做事的乐趣就会被打消。

妈妈也要示弱

单身上班族妈妈基本上都是万能的，爬梯换灯伸手掏地沟，周末买米扛面，搬家打包封箱。总而言之，单身上班族妈妈什么都要做到自立。即便不能做到，她们也想不到会要求助于孩子。

其实妈妈们真的不要太小看自己的宝贝，孩子们身上蕴藏的能力，可能是你无法想象到的。曾经看电视报道里有个女孩，与生病的妈妈一起生活，还有一个八十多岁行动不便的姥姥。这孩子不仅每天照顾她们的起居，还能够捡废品补贴家用，更能够学习成绩优异。

当然，单身上班族妈妈会说，我日子没过到那份儿上，怎么可以让孩子受那罪呢？没错，条件好过人家当然不用受罪，但适当的锻炼还是必须的。简单的照顾周到，什么也不让做，最终只会培养出一个缺乏自立能力的孩子。

在家里，妈妈们不妨适度地示弱一下。比如，搬一箱水回家，边走边喘表现出力所不及，然后求助于孩子请他（她）帮忙，孩子搭上手，你就立刻表示轻松许多。或是在做饭时，表示自己忙不过来，请孩子帮忙剥葱剥蒜，之后表现出有他们这饭做得快了许多。再或者家里什么东西坏了，你去修时故意少拿工具，让孩子找到并递给你，如果是高处，再让孩子帮你扶一下凳子，告诉孩子他（她）可帮了你的大忙……

所有这些或许你都不需要他们来帮忙，甚至可能会越帮越忙。但是，让孩子知道妈妈也有需要他们的时候，这是对他们非常大的鼓励与肯定。一个感受到被需要的孩子，会更努力地把自己塑造成一个对他人有帮助的人。

心情同样可以有孩子分担

小慧妈妈有一段时间在单位工作不顺利，时常为了工作的事烦心，偏巧那段时间里小慧姥姥又病了，搞得小慧妈妈心情极其糟糕。

可是，回到家看见小慧做功课，她又不忍心让孩子受影响。于是，所有的烦恼都被她装在了自己心里。心事多了脾气就会不好，那时候小慧妈妈总是爱挑毛病，还因为一点小事生气。小慧不知道原因，见妈妈无缘无故生气，也就不开心起来，偶尔母女俩还吵上两句，搞得家里不得安宁。

其实，小慧妈妈完全可以把自己遇到的烦恼说出来，孩子虽然只有十岁，但他们是完全能够理解妈妈的。只是妈妈总是要表现出坚强，又喜欢替孩子思考，认为他们理解不了，就由着自己心事重重，结果反而影响了孩子。

小慧的姥姥后来来北京治病，对小慧讲了小慧妈妈的难处，出乎小慧妈妈的意料，小慧不仅明白发生了什么，还能拍着妈妈的后背安慰她。而且，在姥姥来北京的日子里，小慧还给需要下班去医院的妈妈做饭，替姥姥洗衣服。

孩子的心是纯真的，他们能够对事情的好坏急缓做出合理的判断。只是家长没有注意到，也没有尝试与他们沟通，在心情问题上拒绝与他们交流。其实，让孩子适当分担自己的心情，一方面可以求得孩子的理解，让孩子体会做大人的难处。另一方面，也可以锻炼孩子关心他人，帮助他人，换到他人角度思考的良好品德。

小肩膀能担大事情

孩子进入社会是迟早的事,他们面临的必将是比妈妈们更激烈的竞争环境,更需要适应的存在状态。所以,不是妈妈们不愿意就可以让孩子在无争的环境中生存下去的。

既然孩子总是要独自面对,那么妈妈们不妨早些让他们了解,让他们理解。不要小看现在的孩子们,他们的内心世界比妈妈们想象的要宽广许多。在如今极为丰富的获得信息的环境中,孩子们不仅是听妈妈讲,听老师说,还能够通过电视、广播、网络等等渠道获得。因此,简单的封锁性保护,如今已经起不了什么作用了。

既然孩子是独自和单身上班族妈妈在一起,那么就不妨试着将一些事情与他们共同面对。小星儿四岁时爷爷去世了,大爷也在他小学时离开人世,家里人都觉得小星儿不知道。因为,小星儿妈妈与奶奶家达成协议,采取封锁消息的策略,不管谁遇到小星儿问爷爷和大爷,都说爷爷住院了,大爷出差了。

这实在是太小看孩子的头脑了,其实在这个保密的过程中,真正用保密来保护对方的,是孩子不是大人。因为小星儿心里已经清楚,爷爷走了,谁住院也不会住好几年。小星更知道大爷没了,因为大家那些天都抑制不住脸上的忧伤。

可是,为了不让大人担心,她假装相信大人的话。她知道,大人不说是为了不让她受伤,是保护她。待到小星儿十五岁的时候,她最大的愿望就是去给爷爷和大爷扫墓,可是她不敢说,因为家人还以为她不知道呢。

这些以为孩子小,担不了事的行为,看似保护了孩子,实则是更重地伤害了孩子。不让他们分担,却让他们分担了更多,更让他们感到伤感。

作为单身上班族妈妈,对于孩子的保护应该是相信他们可以分担一些,可以理解很多。有些事情没有必要总是隐瞒,而是应该积极的、正面的告诉他们。

人总是要生老病死的，面对这个事实并不像有些妈妈想的那么可怕。亲人故去是孩子必将面对的一个正常人生状态，无须遮遮掩掩，大大方方告诉他们亲人去向另一个世界，这是自然界正常的循环。当孩子长大时，才不会因为被妈妈隐瞒了亲人离开的事实而产生巨大的遗憾。

十四　遇到性格顽劣的孩子妈妈如何教育

没有天生要做坏蛋的孩子，小孩子性格顽劣多半是由环境或家庭影响造成的。

作为单身上班族妈妈，她们没有太多时间和孩子在一起言传身教，孩子如果生活的环境比较复杂，接触的人普遍素质偏低，或是挫折过多，都会造就顽劣的性格。

对待已经体现出顽劣个性的孩子，妈妈们不用太着急。简单的训斥责罚都不会起到改善的作用，还有可能激化。妈妈们不妨试着采取一些软化和诱导的策略。

孩子暴躁易与人发生冲突

一般这样的孩子都会有一些早期的倾向，妈妈们只要用心就能及早发现。如孩子在小朋友中拔尖好胜，别人不听他的就有攻击动作。再有就是想要获得什么，不会正常请别人转让或是请妈妈购买，而是通过抢或是攻击对方获得。

遇到早期的这些表现，妈妈们都会采取训斥来手段处理，孩子一般被斥责了会停止动作，但内心是否接受就难说了。在遇到这种现象时，妈妈们应该先严厉制止，接下来要和孩子说明这样做是不对的，如果别人这样对待自己，是不是非常的不愉快，那就不该这样对待别人。

当然，有些妈妈做了认真的解说，孩子不但不听还多次再犯，妈妈们可能会因气恼而打骂孩子。这样做的结果，只会让孩子更趋向暴力，更相信攻击他人是解决问题之道。

对待性格顽劣的孩子，诱导式的教育会更有效果，对他们晓以利害，再换位考虑如果自己是被攻击方会有何感受。当然，有些孩子属于精力过剩，出手不知轻重，那么妈妈们就有必要给孩子安排一些军事夏令营、武术或其他大活动量运动去释放他们的精力。

总之，对于孩子早期的顽劣表现，要及时制止认真对待。待到孩子进入青春期后，家长就很难再通过教育说服来改善这类孩子的性格了。那时候再想校正，就需要下很大的力气，收效也不一定会好。

永远淘气不停的孩子

小杰不到三岁妈妈就带他出来单过了，因此，妈妈对他比较溺爱。因为怕小杰太小，在外面吃亏，妈妈也不太爱让保姆带他出去。在缺少批评没有伙伴的环境中，妈妈开始发觉小杰性格有些问题，就是这孩子不知道什么叫累，只要不闭上眼睛睡觉,他就可以不间断地大声嚷,胡乱抢着"大刀""大枪"四处跑,保姆和姥姥都管不了，即便妈妈回来说他，也是翻翻眼皮接着折腾。

无奈的妈妈为了家里东西的安全，也为了释放孩子的精力，只好让保姆时常带小杰去到社区的公共场所玩。可事情变得更加糟糕，小杰总是猛踢皮球伤人，或是和小朋友玩一会儿就追着人家耍"武功"。

妈妈急得没办法，因为只要妈妈一批评，小杰就会大声哭闹，实在不成还会满地打滚。妈妈因为觉得自己没给孩子完整家庭，总是有种歉疚感，就简单地想等小杰长大了，进了学校有老师管就会好了。她自以为，孩子这样的行为，都是因为孩子太小不懂事造成的。

让小杰妈妈万万没想到的是，上学不到一个月，老师就请了两回家长，每次都是因为小杰上课举手回答问题，老师只要不叫他，他就大发脾气。课间同学一起玩，只要谁不让他参加，他就又嚷又叫闹个不停，老师说也毫无作用。

对于小杰妈妈来说，问题的原始症结，就是孩子有这些迹象时没有引起她的重视，反而是过度溺爱任由孩子胡来。到了学校，老师一人面对几十个孩子，根本无法对个别顽劣的孩子进行指导。问题，最终还是要回到家庭中来解决。

类似小杰这种现象，一个是从小任性惯了，当他突然生活在有其他同龄的环境中，难以接受需要与人分享的现实。同时，以前的所有不恰当行为，都没有人及时制止，在他看来这些都是可以做的，没有什么不妥。

因此，妈妈们在教育孩子的时候，对于那些危险的、暴力的举动，应该在第一时间予以制止，将类似举动消灭在第一次出现的时候。让孩子明白，这样的行为不被允许，完全禁止。而不是孩子做了无数次，每次也只是大人轻描淡写地说上两句就没事了。

再有，喜欢打闹、精力充沛、不顾及他人的孩子，妈妈应该给他安排一些适合他的活动，让他把精力释放在合适的地方，告诉他如何与别人正常相处。比方让孩子参加集体项目的活动，培育孩子团队意识，让他从小明白做事要与人配合，而不是唯我独尊。

十五　如何与青春期的孩子相处

孩子进入青春期是所有妈妈最揪心的时候，因为这个时候的孩子对于社会似懂非懂，对于妈妈的庇护感到束缚。他们开始渴望用自己的眼睛看世界，用自己的脑子想事情，用自己的经验判断问题。

　　而此时的妈妈们还没转过神来，她们还期待着做孩子的主心骨，为孩子的今天、明天甚至更远的将来谋划安排。她不愿意承认小鸟已经开始展翅，天空对他们充满诱惑，妈妈只愿再扶一程，再呵护一段。

　　这种守护与反守护相互纠缠挣扎，孩子逐步反抗，妈妈满心纠结。而在单身上班族妈妈家里，这样的冲突会更尖锐，更激烈。因为孩子从小就是只和妈妈生活在一起，小到吃穿大到考学，样样都是妈妈做主。突然，有那么一天，孩子要自己翻身做主人，不再唯妈妈是从，妈妈的话可以参考却不可全听了。这一切对于妈妈而言，简直不可思议，更是不可能接受的。

　　妈妈们会想，你们还没长硬翅膀，没有了我出谋划策你们会吃亏，会上当，会犯错误。而孩子则觉得，我已经长大，不需要一个人守在边上无休止地唠叨啰嗦，日夜不停地对自己指手画脚。这对矛盾会日渐突出，有些问题严重的家庭，甚至会发生激烈的母子冲突。

　　作为单身上班族妈妈有一个现实必须要面对，更要无条件接受，那就是孩子已经长大。他们明白自己的眼睛是用来看的，自己的脑子是用来思考的。虽然，这一切还不够周全；虽然，还可能犯错。但，他们需要被承认，被肯定，被信任。更主要的是，他们想对自己的所思、所想、所做，有一定的支配权。

　　如果妈妈们不肯给予这些空间，孩子必定会表现出强烈的反抗情绪，妈妈说得越多，他们就越要反过来做。最常见的就是妈妈越是强调危险、不可以做的事情，他们越要尝试越要参与。最终，大人着急上火，孩子逆反抵抗，两方面都会受到严重的伤害。

　　作为妈妈，在孩子进入青春期后，更多的应该化管孩子为引导孩子，把替孩子做主变成与孩子商量，变规划一切为给予必要的建议。一些不是原则性的事情，给孩子一定决策权，部分活动给予孩子选择权。特别是在孩子进行外部接触的时候，一定要给孩子留足面子。因为，长大的一个重要标志，就是他们的自尊心加重了。

对于孩子某些正常的决定，妈妈要学会肯定与支持。对于孩子做得好的决策，要立刻加以表扬和鼓励。一味让孩子听自己的，只会让孩子更加反抗。

只有让孩子相信妈妈可以给自己一定的空间，让他们相信自己是有一定能力的，才可能让他们乐于听取妈妈的建议，尊重妈妈的指导。任何一个孩子闯入青春期，并不一定就意味着冲突反抗。他们内心更多的是希望有人提示，有人指引，有人认同，有人需要。如果妈妈们能够采取宽容的态度，正确的交流方式，与孩子沟通就不会有任何障碍。

青春期沟通障碍存在的根本原因，是妈妈们不知道如何面对刚步入社会的孩子，不理解孩子们突然要求一切自主独立判断。妈妈们不希望孩子从自己翅膀下逃走，怕他们摔，怕他们伤，怕他们遇到危险。

遗憾的是，妈妈们仅仅担心是解决不了问题的，想了解世界的心是鲜活的，妈妈们阻止不了也关闭不住。所以，不要单纯地画地为牢锁定孩子，而要放松手指给予空间，更要相信孩子们有能力面对复杂的社会，终有一天他们将主宰未来。

在母子之间，信任的力量无限大，让孩子感受妈妈的信任，比任何亲子手段都更有效，都更会收到孩子的积极回应。

十六　不要试图做完美的妈妈

面面俱到等于面面不到，这是许多职业培训课程上讲师喜欢用的描述语句。在生活中，这句话更适合讲给拼搏着的单身上班族妈妈们。她们努力地，坚持不懈地，试图塑造出一个个完美的妈妈形象，为此不惜牺牲自我，付出最后一滴心血。

而结果总是与愿望相去甚远。单身上班族妈妈与平常的妈妈们一样，永远不可能做到时时处处尽善尽美。她们更不可能把孩子照顾到极致，把工作做到极致，把家庭打理到极致。这一连串的极致，不要说单身上班族妈妈，就是全职妈妈们也是无力为之。

任何事一味追求十全十美，其效果必然大多不美。做好十全六美的准备，收获的很可能是十全八美、十全九美。这就是期望值与失望值的关系，期望值越高失望值越高，适度降低期望值，人就容易收获满足。

对孩子也好，对工作也罢，如果单纯期望结果必须有多么的好，即便是结果尚可，也会让人感到失望。因为，没有哪个孩子会完全如同妈妈们期望的那样成长，那样成才。事业上的成功，也不能完全印证你预期的假设。每个人，每个发展阶段，对成功的定义也是不同的。每个时代，对于属于这个时代的人，其优秀与否的定义也会有所不同。

作为妈妈群体中最特殊的一部分，单身上班族妈妈有着自己的困难，也有着自己的优势。努力做好自己，才是与孩子快乐生活，助力他们幸福成长的源泉。单纯把自己定制成完美妈妈，一味追求方方面面的肯定，只能让自己陷入误区，把孩子拖入痛苦。两个人的日子，必然过得压力满满，人也会不堪重负。

释放内心压力，力求解脱精神，是单身上班族妈妈们最该追求的目标。通过坚持不懈的自我调整，把这个目标逐步实现，妈妈们就会不再困惑，不再压抑。在简单的二人家庭中，妈妈和孩子都不用为追求尽善尽美而压力重重，也不用为了所谓的彼此感受，而伪装隐藏。创造一个轻松愉悦的环境，必然能够赢得妈妈的成功和孩子的幸福。

单身上班族妈妈们，加油吧！做个快乐的妈妈、幸福的女人吧！

懒妈妈育儿经

周静之

顺其自然就是我的育儿经验，如果说这也能称之为经验的话。

一 孩子，生还是不生

　　许多年来，我都严重怀疑自己能否成为一位合格的母亲。我缺乏耐性，很自我，贪玩懒散没正形，与那些从小就玩洋娃娃，打小就向往着做母亲的女孩子不同，我曾是一名坚定不移的丁克拥护者。说来好笑，我也不是什么女强人，只是个贪图享受的懒人而已。说为了事业不要孩子那纯属胡编，做丁克纯粹是因为自己贪玩。没大宝以前，我和宝爸那时的日子过得真叫惬意哈（至今仍让人怀恋啊）。周末先睡一个懒觉，中午时分才起来，找个吃饭的地儿，吃完了或看电影或逛街，悠哉闲哉得很呢。有时候下了班，我们两口子会在某家餐馆前约好见面，晚餐就在那里解决。我无法想象日子里多个孩子会怎样。就这样，要孩子的事一拖再拖，拖到自己成了高龄产妇还嘴硬说："林青霞46岁还生娃呢。"我家男人听不下去忍不住嘲笑我说："你，又不是林青霞！哼哼。"

　　有一次去宝爸的师妹家玩，她师妹生了一对可爱的双胞胎，刚满一岁。我们到她家，看到师妹搂着一对姐妹花，一副慈母样。师妹说她曾是一名坚定的丁克，心里只有事业根本不想要孩子。没想到一不留神怀了孕，她一意孤行不顾家人反对跑到医院打算做流产，结果做B超的医生告诉她是双胞胎，想到肚子里有两个娃娃，她不忍心下手了，就这样不是很情愿地当起了妈妈。在孕期，她都一直心系工作，一直挺着超大的肚子坚持工作到生产。但现在有了两个孩子，她却一心只想做家庭主妇，啥事业啊职位啊统统地靠边站，心里就惦记家里的两个娃，想起以前自己特看不起那种家庭妇女，现在却好生羡慕。她还劝我说，赶紧生孩子吧，你不会后悔的。看着她母爱泛滥一脸幸福满足的模样，我开始动心了。

让我欣慰的是，这个世界上还真没有一个母亲后悔自己生了孩子的，你见过哪个女人说我后悔生了孩子的？她们就算所遇非人，就算后悔嫁错了这个男人，但也不会后悔有了这个孩子。无论多苦多累，就算那个孩子是个长相丑陋的庸才，在母亲的眼里依然完美。世上真的有一种爱，强烈得可以不要回报，只愿单方面付出，只求她过得好，只要她好就够了。

那天看一个访谈节目，经常演疯疯癫癫的角色的香港演员吴君如在做了母亲后，也经常问自己："有了孩子从此牵肠挂肚，失去自由，这样是否值得？"她说太值得了。是的，有了孩子后才能体验到那种有孩子的快乐，那种快乐很难用言语描述，一定要有了孩子后才能体会，没孩子的人怎么说都没用。所付出的一切，包括金钱、容貌、身材、自由，只要能换取孩子的健康和快乐，都是值得的。

让我欣慰的是，做妈妈做到现在，我还没有后悔过。一切，都是值得的！

二 数着日子咬牙过来的孕期

我怀孕四周的时候，正值隆冬，上海居然千载难逢地下起了雪，我很不幸地感冒了。还好感冒不算太严重，发烧发到38.2度，一般这种感冒我都是吃点药扛着的，但因为肚里有娃为了小心起见，我还是决定去求医。在医院我先挂了妇科，跟医生说了情况，医生说你感冒应该去内科呀。于是我又到了内科，惴惴不安地跟内科的一个小医生说我刚怀孕且感冒了应该怎么办，没想到她居然很随便地说：这孩子不能要了，下回再要吧。靠哟，难道她没发现我芳龄已超过35岁，卵子已经老化，难道她不知道这怀孩子不是母鸡下蛋，一天就能下一个，我一听就觉得这医生也太不负责任了吧，后来我想，她又不是妇科权威，凭什么如此迅速地断言孩子不能要。切，我还怀疑她是庸医咧。于是我转战沪上一家知名的妇科医院，大冷天诚惶诚恐地起老早在一位很有名的优生优育专家那里挂了号，惴惴不安地地阐述了自己的感冒史，也转述了那位内科医生的话，并想听一下他的意见。老专家毕竟是老专家，他首先对那位内科医生的话不屑一顾，说一个内科医生有什么资格断定这孩子就不能要了。专家说没有任何证据表明感冒病毒会直接导致胎儿畸形，事实上外面的病毒很难侵入胚胎，再者说如果胚胎不健康，人体有个自然的优胜劣汰机制，胎儿畸形的话会有流产的迹象。不过他说鉴于我是高龄产妇，最好产检的项目多一点细一点，如果有必要，可以做一个羊水穿刺，这样最保险。还有还有，孕期最重要是吃好睡好心情放松，不要想太多。从专家那里出来，我的心情豁然开朗一扫阴霾。外面虽在下雪，我心里却已然是春天。这才意识到，我已经对肚里的这块肉产生了感情，我竟然那么害怕失去TA，原来母性是天生的。

有了专家的这番话给我撑腰，我有点有恃无恐了，又开始发挥起本人的二百五本色。孕期，我想吃什么就吃什么没有忌过口，那时大冬天我居然很想吃冰激凌，就每天在家里开着空调吃一罐哈根达斯，宝爸在旁看得浑身发冷。至于那些准妈妈们整个孕期都穿着的防辐射服，我一天都没穿过，天天穿着一件脏得像抹布一样的衣服心情怎么会好。所幸，作为高龄产妇一枚，我的孕期还算是相当顺利的。顺利到现在宝爸居然会说：咱生个孩子挺容易的哦。奶奶滴，我抽他丫的！要知道，几乎所有的孕期反应如呕吐，小腿抽筋，失眠，心慌头晕、尿频等等，我都一一经受过，但我整个孕期都没有卧过床，除了产检没有进过医院，一直坚持上班到36周。我对自己说：管他娘的，吃好睡好别多想，坚信宝宝一定是健康的。记得孕16周第一次做B超的时候，有一个数据不太好，医生说有可能是因为孕周不够，当然也不排除胎儿畸形的可能性，一切都要等下个月产检的时候才能揭晓。在这等待进一步确认的一个月中，我照吃照睡丝毫未受影响。我坚信我的运气不会这么差，这件事我居然连宝爸都没告诉，因为他多虑，再说他知道了也没什么用，徒增他的焦虑而已。好在，一个月后的产检一切正常，我庆幸自己当时的乐观。要知道我甚至大义凛然地做好了最坏的打算，就算这孩子有点小残疾，只要不是脑瘫唐氏之类的大问题，这孩子我要定了。那时我开始理解了王菲，她在医生告诉她孩子是兔唇后依然选择要这个孩子，是因为想到失去这个孩子心里会更痛。从知道孩子在肚里的那天起，母亲就会尽全力保护TA！我简直是很悲壮地背水一战哪。

说到孕检，不能不提这唐式筛查，还真是不靠谱。因为是高龄产妇，医生强烈要求我做个唐氏筛查，检查结果是低危，一切Ok。不曾想到手术前一天医生跟我谈话让我签字的时候说：唐氏虽是低危，不过也不排除生下唐氏儿的可能性。我当时真的很想跟她据理力争：既然高危和低危都不能排除产下唐氏儿的可能性，那么这种花600多元钱的白痴检查做它干嘛呢？就为了做了也闹心？想着明天就上手术台两条人命都在医生的手里，还是忍忍算了。

因为是高龄产妇加上我本人的要求，医生同意剖腹产。我是个痛点很低的人，到牙科诊所补牙会主动要求牙医先给我打麻药，不然我就紧张得面无人色。尽管现代医学提倡自然分娩，说是对孩子好。我也知道剖腹产的种种弊端，但我实在没有勇气去承受那令人闻风丧胆的产痛，再加上年龄确实大了我个子又小，所以权衡下来还是选择手术。

一天天数着日子，终于到了38周可以手术了！后来月嫂告诉我，我是她见过的手术前最镇定的产妇。有的产妇吓得哭，有的吓得浑身发抖，而我居然笑眯眯地进了手术室一点都不害怕，看着宝爸一脸紧张的样子还叮嘱我说："别紧张，别紧张啊。"我心想："老娘才不紧张咧，老娘等这一天已经很久了，过了今天老娘就自由喽！我要减肥烫发染发搽指甲油！"后来才知道，我是多么地天真愚蠢，哼哼哼，真正的好戏还在后头咧。

三　命里有时终须有，命里没有莫强求
——母乳喂养

　　大宝出生的时候，正值三聚氰胺闹得沸沸扬扬的时候。对母乳喂养的提倡到了高潮，那时都听说有钱人家高薪聘请奶妈，月薪高达5位数。不得不承认，人的个体差异是很大的，人比人，气死人哈。有些妈妈的母乳多到可以给孩子洗澡，我们小区里就有个妈妈，母乳多到不能出门超过2小时，超过2小时就会造成衣衫尽湿的尴尬局面，乳垫根本就不管用。宝爸的师妹生下双胞胎，她的母乳两个孩子都吃不完，两个全母乳喂养一直到6个月，牛吧。大宝娘产前立下宏愿要全母乳喂养到产假结束，结果却放了卫星。俺家大宝自打出生就没吃饱过一顿母乳，一直是把母乳当零食吃的，吃着玩。我算是整明白了，有没有母乳是命中注定的。这是为什么捏？为什么捏？让我想想原因。我对月嫂说大概是我年纪大了吧所以缺乳，月嫂说她在到我家之前做的那家产妇已经45岁，母乳多得可以浇花。莫非是遗传？也不对，大宝的外婆当年母乳多得可以做奶妈。谁说喝汤可以催奶？分明是谬论。月子里大宝娘喝汤喝到至今看到鲫鱼就恶心，到今天都不爱喝汤，都是那时候喝怕了。就这样纵然使尽法宝，我的母乳依然少得可怜。到后来，我也丧失信心了，喝配方奶就配方奶好了，母乳当饮料喝。就这么将就着每天不超过300毫升的母乳量，大概在大宝100天左右的时候，人家自己给自己断奶了。我估计大宝也烦了，就那么几滴母乳，每次吃得满头大汗累个半死还没吃饱。到后来，一抱起大宝喂奶，大宝就拼命挣扎不肯就范。终于，母乳彻底断流！于是，我也"被断奶"。从此，我的奶妈生涯正式告一段落，我的愿望正式落了空。

还是我最喜欢的著名艺人小S说得好："就算你是剖腹产，没有母乳，你依然是一名伟大的母亲。"说得真好啊，小S，我好爱你哦。

四　无关紧要的血管瘤，差点让我产后抑郁了

产前我就对产后抑郁症有所耳闻，当时觉得自己不可能会抑郁的。想我是多么地乐观的人啊，用我闺蜜的话来说就是那种乐观得有点二的那种人，我这号人怎么着也不会抑郁的吧。

在我产后，因为手术后伤口疼痛加子宫收缩，大宝又日夜颠倒，晚上哭白天睡，我连着几个晚上都没有睡好。于是，我的情绪开始低落。又发现在大宝的脖子右侧有一个直径约2公分左右的椭圆形胎记，颜色鲜红。于是，我更抑郁了，开始闷闷不乐，不爱说话，瞅谁都挺烦的。我有个女友她说因为产后自己一个人带孩子，休息不好，得了很严重的产后抑郁，她说她的症状是脾气暴躁，听到家里人笑她都觉得烦，还喜欢阴雨天，最好一个人躲在家里不想见人。据称还有极端的产后抑郁症患者，把孩子杀了的或者自杀的都有。

人就是这么不知足，怀孕的时候，我一心祈求只要孩子健康就好。而孩子生下来了，我又希望她完美没有瑕疵。那时，我看着大宝脖子上的红色血管瘤那个愁啊，家里人都说长在脖子上不注意的话根本不会留意，这有什么。然而整个月子里我依然愁眉不展，郁郁寡欢。45天产后检查的时候，我们抱着大宝咨询了儿科权威，大夫说是良性血管瘤，除了有碍观瞻其他没啥，而且绝大多数孩子到了五岁左右就会褪掉。"那要是褪不了呢？"我抱着大宝依然不死心地问，大夫说："褪不了到时再说好了，或者激光或者其他整形方法，等孩子大了再说，现在科学发达血管瘤容易治。"估计大夫见多了像我这号大惊小怪

爱瞎紧张的家长，非常地轻描淡写。

我无奈地接受了这个事实。唉，心里还是不得劲。后来，我看电视上很多孩子有各种先天疾病，如先天性心脏病、脑瘫、地中海贫血，看着那些可怜的孩子、心碎的母亲，我顿时觉得老天已经厚爱我、我已经足够幸运，孩子活泼健康，只是脖子上的红色胎记何足惧呢。真是的，有啥好抑郁的呢。

五 再严重的回奶到了一岁也会好转

大宝是属于回奶很严重的那种孩子。喝完一瓶奶，稍微咳嗽一声或者哪里不对劲就会回奶，有时候奶是喷射出来的，可吓人了。

因为严重的回奶，我们曾抱着大宝特意到国际医院找知名的专家去看，专家问了下大宝出生至今的体重增长情况，说只要孩子的生长在正常范围内，就说明回奶不要紧。怎么啥事让专家一说都那么容易地迎刃而解呢？看来家长总是大惊小怪容易慌张。

专家关照我们，因为回奶严重，别人的孩子喝完奶要拍嗝，大宝就不用拍了，因为她经常喝完奶拍嗝的时候，连嗝带奶一起喷出来。最理想的情况是喝完奶就睡觉，最忌讳的就是喝完奶咳嗽或哭泣，所以我们都是趁大宝困了的时候赶紧塞给她一瓶奶，喝完了直接睡着。还有每次不能喝太多，如别的孩子一次能喝200毫升，我们家大宝则是200毫升的奶要分两到三次才喝完。有一次大宝不知怎么了，一口气把200毫升的奶都给干了，把我们给吓得哟，一直呆在她旁边不敢走。那时，要是带大宝的阿姨休假，我带大宝睡觉，紧张得彻夜都不敢睡。因为书上说回奶会造成小儿窒息，所以整个晚上我都盯着大宝严阵以待。谁让咱好不容易才生了个娃啊，自然不敢懈怠。所以那时每个礼拜阿姨休息，我就很焦虑，又要熬夜了。

回奶的现象到了大宝六个月能直立的时候有了明显好转。虽然也回，但不像早些时候那么频繁了。有一次居然有整整一个星期没有回过奶，一家人都很欣喜。后来偶尔回奶，我再也不像以前那么急得团团转了，而是把手一挥说："不要紧，等下再喂呗。"当然，心还是很疼滴！

宝，你回的不是奶，是爸妈的辛苦钱啊！

六　孩子抱不坏

老人们都说，孩子不要多抱，要抱坏的。我也听到过有些抱坏了的孩子就连睡觉都要让人抱着，所以孩子不能多抱，哭就让她哭呗。

有了孩子以后才发现，母亲要对孩子的哭声充耳不闻，不是轻易能做到的。至少大宝一哭，我的心就开始疼。我的忍耐期限是5分钟，要是大宝的哭声超过5分钟，我肯定要抱起来。管他呢，我甚至想抱着睡怎么了，抱着睡就抱着睡好了。再加上大宝爱回奶，稍微哭两声就会吐。所以，基本上除了睡觉的时候，大宝都是被我们抱在手里的。

老人们为什么说孩子不能多抱呢，我估计是因为以前孩子多，大人要照顾几个孩子，还要做家务，当然腾不出手来抱孩子，只好放在床上哭就哭呗。所以说，这是老黄历了，不足取。

按说，大宝有一堆人抱，你抱我抱他抱的，那还不得要天天捧在手上啊。但情况比我预想的要好得多，到了100天，晚上哄大宝睡觉的时候，她就要在自己的床上睡，只要安抚奶嘴一塞，不到5分钟她就呼呼入睡，根本不要抱着睡，看来我们白自作多情了。看到了吧，孩子是抱不坏滴！

七 夜啼，要及时纠正

半夜，被对面一幢楼的小儿夜啼声吵醒，一看时间才12点半。唉，对面那孩子从去年夏天开始就每个晚上哭，夜啼史快一年了。我对那家人表示极大的同情，家有夜哭郎，家里人每晚都睡不好，可怜呐。

想当年，大宝也曾有过夜啼史，好在时间不长。大概从出生45天开始，大宝开始夜啼，具体症状为：晚上11点左右，大宝开始不高兴，头歪来歪去，哭哭啼啼，抱着走也不行，奶也不要喝，反正就是作，一直到凌晨1点左右开始安睡，每天都要演这么一出。这样大概过了半个月，月嫂也不堪忍受了，正好原来跟她说好带到两个月，她就借故请辞了。于是，我们就请了个级别稍低点的月嫂，工资比月嫂便宜但比一般的保姆贵点，也是月嫂出身的，曾是幼儿园教师，也带过大孩子。她上手后第一件事就是纠正大宝的夜啼，她的观点是：孩子不会无故啼哭，肯定是不舒服才会哭。她认为大宝夜啼是因为肚子不舒服，喝奶后肚子里有嗝，加上月嫂又总是横着抱，嗝出不来故此一直哭。她的办法是竖着抱，一边抱着一边拍背，这样没拍几次大宝就会打嗝，有时一个嗝出来还会有好几个嗝，等嗝出来了大宝就会安睡。为什么母乳喂养的孩子更容易夜啼，就是因为母乳喂养的孩子一哭，母亲就喂奶，其实孩子不是因为饿而是有嗝，于是就哭得更厉害了。夜啼会养成习惯，以后每晚一到这个时候孩子就会哭，夜哭郎就此出炉！

后来的那个月嫂果然有两把刷子，在她每晚的拍嗝措施下，大宝很快就不再夜啼了。从第100天开始，俺家大宝每晚8点叼着安抚奶嘴入睡，一直可以睡到次日早上6点。中途闭着眼睛喝两次夜奶，但从来不会半夜醒来哭闹，一直到现在为止。一家人再未受过家有夜啼儿的苦，大宝的阿姨当记头等功。

八　大小便训练和夜奶顺其自然就好

　　我们没有给大宝把过尿，她一直是用纸尿裤。其实，我在育儿观念上还是有点崇洋的，比如说夏天大宝爱光脚，给她穿上袜子她一整就给脱了，不让穿，我也不想老惹她不高兴就不勉强她穿袜子了。这么做的后果就是抱大宝出去的时候有很多好心的老人会善意地提醒：孩子不能光脚，脚要注意保暖。我总是好脾气地笑笑，不置可否。

　　小区里有很多老人带的孩子，很容易辨认出来：衣服穿得很多，还穿开裆裤。那些老人认为穿尿裤几乎是虐待孩子的表现，随时都会给孩子把尿，那些孩子一般到了一岁左右多就可以不用尿布了，老人们很自豪。

　　大宝一直用着纸尿布，只在最炎热的时候用很薄的纱布尿布，怕她热着。我认为纸尿裤比布的要好，尤其是晚上，一块就可以撑到天亮，对大人和孩子的睡眠都好，我是纸尿裤的忠实追随者。

　　大宝在20个月的时候，自己不肯用纸尿裤了，至少白天在她神志清醒的情况是不让用纸尿裤的。正好又是夏天，我们就顺便开始了大小便训练，没想到，训练很顺利，几乎没费什么劲，只在刚开始解下尿裤的那两天尿湿过裤子，后来她就会喊：尿尿，尿尿，我们把她放到专用的坐便器，搞定！真顺利，一点没费劲。

　　统计表明：欧洲的孩子平均在27个月的时候不用穿尿裤，我们比欧洲记录整整提前了7个月！尽管我们可能是落后于中国孩子的记录的，但我对这个成绩相当地满意呢。

我们小区里有些孩子六个月后就不喝夜奶了，一夜睡到天明。

网上也有妈妈介绍如何戒夜奶，如晚上临睡前喂米糊，熟睡后不能给奶只给水，一直到天快亮的时候再给奶。但我家大宝情况比较特殊，因为回奶，同龄的孩子一次能喝180毫升奶的时候，她一次只能喝130左右，一天喝的奶总量也是略低于标准总量，所以我老担心她吃得少。晚上喝几次夜奶，怎么着也有300多毫升，马无夜草不肥，小孩也是。所以我一直没有刻意给她戒夜奶，大宝在一岁前每个晚上都要喝2到3次的夜奶。过了一岁，减少到1到2次，还要喝1次水，我们一直顺着她，从没刻意纠正过。

就从上个月开始，大宝晚上不要喝奶了，只要喝水。晚上临睡前，给她喂个蛋羹或者面条什么的，临睡前喝点水（怕她蛀牙），然后半夜里喝点水，一直到早上五六点再喝奶。基本上，夜奶算是戒了。

九　请阿姨要用人不疑

前几天，我家阿姨很得意地跟我炫耀："隔壁姗姗的阿姨故意在大宝面前做要打我的样子，大宝拼命护住我不让她打，姗姗阿姨说大宝有良心，阿姨没白疼你。"

我和宝爸刚结婚的时候，家里没请钟点工自己干家务活。那时，有一朋友来看我们，发现我蹲在地上擦地板，宝爸在洗碗。那位朋友忍不住说："你们算下，你们的薪水除以你们的工作时间，每个小时是多少钱？在上海请个钟点工多少钱？你们不觉得你们自己干家务很浪费吗？"一语惊醒梦中人。第二天我就去家附近的中介所找了个给我们做饭打扫屋子的钟点工。毕竟人家是专业人士，家务比我们干得好多了，再说了我和宝爸都是属于那种不擅长做家务的人，但我们好在两个人都不挑剔，我们对阿姨的要求真不高，只要回家能吃到现成饭，她烧什么我们都说好。所以那个阿姨一直用了很多年，直到我们有了大宝家里请了个全职的住家保姆，那个阿姨才走。

带大宝的阿姨已经在我家一年了，大宝跟她很亲，一到晚上就找她。宝爸问我有没有吃醋，嘿嘿，我才不吃醋咧。有些母亲，喜欢自己带孩子，乐在其中。但我缺乏耐性，不善家务，知道带孩子肯定不是自己的强项，加上宝奶年纪大了身体又不好，所以大宝一直是由阿姨带大的。说到找阿姨，几乎每家都有痛说革命家史的架势，有人甚至发出"找个好阿姨比找好老公还难"这样的感慨。

很多人家家境殷实，可是因为对阿姨的要求高，找一个走一个，找阿姨找到对社会都失望了，最后的结果就是自己带孩子还蹲在地上擦地板！宝爸有个客户，是开化工厂的，加上厂房住宅等固定资产，少说也有上千万了吧。他家里有了孩子，请了不知多少个阿姨他老婆每个都看不上，最后是白天老人带，晚上他们两口子自己带。他家的娃还不是盏省油的灯，每天晚上都要夜啼。两口子苦不堪言，经常半夜为此吵架，第二天上班无精打采没精神。邻居们都深受其害，投诉说你们家孩子哭也就罢了，可你们两口子每晚还要再吼一嗓子，我们实在受不了了。我听了忍不住扼腕长叹，这么有钱还过得这么苦，明明可以花钱解决的事。何苦来呢。找个好阿姨有那么难吗？

可能说我运气好吧，当然也可能是因为我对阿姨的要求不高，我觉得找个称心的阿姨没有多难。邻居中有需要找阿姨的人家问我阿姨是在哪里找的，我说就是在保姆中介所找的呀。她们都很诧异，觉得我胆儿特大，怎么敢把陌生人往家领，还让她带孩子。呵呵，如此先入为主地先认定"阿姨是不可信任的"的人家不在少数，甚至有的人家防阿姨防贼似的，怕阿姨手脚不干净，怕阿姨暗地里对孩子不好，甚至怕阿姨会把孩子拐走。我奉劝那些有这样想法的人家，应该向曹操学习：用人不疑，疑人不用。不然弄个阿姨到家里，自己还得盯着她，忒费劲。

我们都知道，人无完人，阿姨也是，说到底阿姨只是一个受薪者，跟企业招人的性质差不多。我的要求是阿姨只要为人本分肯干，哪怕活干得不是很好，只要人好肯干就行。你只能取一头，如要带孩子，只要带好孩子就好了。如重点是做家务，那只要把家务干好就行了。很少有那种孩子带得好家务又能干得出色的阿姨，如果你找到，千万要留住人才啊。

找阿姨，记得两害相权取其轻，万事皆有利弊。有些人家觉得家里住个外人多不自在，可要这么想，这个外人可以帮你把讨厌繁琐的家务给干了呀，总好过你自己干家务吧，用家务的解放换取你些许的不自在还是值得的嘛。还有一旦找到了满意的阿姨，要善待人家。有一次，我和大宝的阿姨带着大宝一起在小区散步的时候，我家大宝的阿姨跟小区里另外一家宝宝的阿姨也是她的老乡碰上，两人刚想聊几句，那家宝宝的外婆马上就把脸一沉，厉声说："我们回家，宝宝要睡觉了。"那家主人显然不喜欢阿姨们有交流。那种态度，我看了都很不爽，这也太不尊重人了。果然，没过几天，那家阿姨就借口老家有事请辞了。这年头，阿姨也算是个有技术含量的活，市场需求也很大，人家离开你们家也饿不死，所以，东家也不能太牛。

身在中国，有一点是很幸福的。国外的中产阶级，因为人工贵，绝大多数都是雇不起保姆的，所以家里有了孩子，妈妈只能全职，几乎没有别的选择。

每每想到这一点，就觉得自己可以当太太，很享受，很偷着乐呢。

十　医院，去还是不去

凭良心说，作为一个基本没怎么吃过母乳主要是喝配方奶长大的娃，大宝的生病次数算是少的。我那天在翻大宝的医保卡，到今天为止，大宝生病的次数寥寥无几，无非都是些小儿常见病，上呼吸道感染什么的，最严重的就算是手足口病了。可我们跑医院的次数却不少，有时候一次感冒要跑几次医院，发烧了去一次，咳嗽了又去一次，拉肚子了再去一次！咳，那时不听上几句医嘱心里就慌啊。

大宝5个月零10天的时候，第一次发烧，我和宝爸立马心急火燎地赶到儿童医学中心，排了半天队（上海的儿童医学中心有全国各地赶来的患者，每次都是人满为患），医生大概只用了2分钟就把我们打发走了，是最常见的小儿上呼吸道感染，回家吃点药就行。因为我们是第一次为人父母，又是第一次遇到孩子生病，故此很惊慌很紧张。当晚，虽有阿姨照料，我和宝爸起来好几次看大宝。到了第二天，烧很快就退了，可是起了满脸的疹子，密密麻麻，看着就觉得痒。于是，我们又慌了神，赶紧送医院又排长队去了。大夫一看说是病毒疹，疹子出来就说明本次发烧进入尾声，不要紧，配点外用药抹抹止痒就行。后来大宝又感冒过两次，我和宝爸每次都是如临大敌，怀着朝圣般的心情上医院。医生就那么几招：验血，看喉咙，配药打发了事，太没有创意了。

那时大宝一感冒，就哭哭啼啼恶声恶气，我就着急上火像祥林嫂，上班都没心思，在公司里看到那些有孩子的同事就请教经验，真正叫有病乱投医啊。

公司里有位经理是台湾人，他家有三个娃，他家的经验值得借鉴。那三个娃我们都见过，皮实得很，一点不娇气。吃饭不用喂，走路不用背，自己会在一块玩，很好带。他经常在公司谈他家的育儿经：小孩子发烧不到39度不用上医院，在家物理降温弄点药吃就好了。老大照书养，老二照猪养，老三自己长啊！

聆听了他老人家的教诲，后来有一次大宝着凉发烧到38.5度，我就给她吃了点药，扛着！以前几次大宝感冒上医院的经历告诉我们，儿童医院人满为患，医生的脸拉得比马还长，往往是心急如焚地等了一个上午，医生就看看喉咙，听听胸膛，然后就去验个血，完了配药，整个就诊时间不会超过5分钟。药无非就那么几种，连我都能开了：退烧药如美林，艾畅；中成药抗病毒口服液，要是有疹子就配点外用药抹抹。上医院实在是看烦了医生的嘴脸，台湾人说得对，感冒发烧流鼻涕乃寻常事，整点药吃，不必慌张。

正当我以为自己对孩子闹病很有经验的时候，大宝居然得了手足口病，我又一次抓瞎鸟！那是去年11月，我们回老家喝喜酒，大宝还是第一次坐火车第一次出远门，可能是在火车上感染的吧。回来的第二天大宝就不爱喝奶，一给她奶喝她就说：辣！（后来我才意识到是她嘴里起了泡，喝奶就痛，但她还不会说痛，所以说辣），当时我也没太注意。又过了一天我下班的时候，大宝阿姨说宝宝手上怎么起了水泡？我顿时大惊失色，再联想到她昨天喝奶说辣，我几乎可以肯定是手足口病了。想起媒体报道过全国好几个地方小孩感染了手足口病，有几个严重的甚至不治了。太可怕了，我越想越害怕。当即和宝爸连滚带爬地赶去医院，到了医院，医生看了看大宝手上嘴里的水泡，确诊是手足口病，也就配了点外用药，因为是病毒引起的总要一个礼拜才会好利索了，此病容易传染故医生叮嘱需在家隔离。看我在一边一脸惊慌这么紧张，医生好心地说："不要紧的，手足口病只要及时就医，一般无大碍。"果然，大宝也就是前几天胃口有点不好，但是精神依然十足，过了一个礼拜果然活蹦乱跳地恢复如初。

真是的，连手足口病都得过了，还有什么好怕的呢。

十一　我家孩子怕柚子

还在月子里的时候，我就发现大宝是个特别胆小的孩子。有一次我在喂她母乳，不小心打了个喷嚏，结果正在吃奶的大宝吓得一哆嗦，还连忙把奶头吐了出来，然后一脸惊愕地看着我！把我给笑得！

大宝对各种噪音特别敏感。有时候她自己好好地玩着，只要楼下人家钉个钉子，或者用冲击钻打个眼，只要听到这样的声音，她就马上扔下玩具，惊恐万状地往你身边爬。我家现在做菜都不敢用油烟机，她听到那声音就害怕。国庆节放烟花，我们抱她出去看热闹，没想到把她给吓得当场嚎啕大哭，没办法赶紧抱回家来。

这倒也罢了。最不能理解的是，大宝居然看到柚子都害怕！有一次我买了个大柚子，回家喜滋滋地给大宝玩，结果大宝一看柚子朝她滚过去，当场嚎哭起来。同志们呐，你们见过谁家的孩子怕柚子的吗？我家就有一个！

因为胆小，大宝很少摔跤，也几乎从来没从床上摔下来过。她每次爬到床边，就小心翼翼地又爬回去了，根本不用担心她会摔下来。别家的孩子刚学会走路的时候，身上头上总是难免会有淤青，都是摔的。我家大宝就几乎没有，她走路很小心，还动不动就一蹲开始爬了，所以摔不着。看，胆小也不是没有好处滴！

因为胆小，大宝玩滑滑梯都跟别的孩子不一样，她是面朝下趴着从滑梯上下来的，很好笑吧。

因为胆小，她学会说话后说得最频繁的一句话是：怕怕！有时，我们小区有人家办红白喜事，一听到鞭炮声，她就脸色大变，往阿姨的身上钻，紧紧地搂着阿姨的脖子侧耳倾听一动不动。瞧她那个熊样哦。

我想大宝这么胆小，日后肯定不能从事消防员、警察这类的有点危险的工作了。不过这样也好，至少她不会出去闯祸，大人也好少操点心了。呵呵，家里有个胆小的孩子，孩子娘也只能这么安慰自己了呢。

十二 不吃这个，不吃那个，不吃就不吃好了

　　有了孩子后，孩子娘们聚在一起就是谈孩子，孩子长孩子短的。通常，孩子娘们最热衷的话题就是孩子的吃喝拉撒，其中吃又占了首位，几乎家家的孩子娘都在操心孩子的吃喝问题。

　　听下来，这些孩子很少有省心的，偏食是最常见的。有不爱喝奶的，有不爱喝水的只爱喝果汁的，有不爱吃饭的（这个太常见了），有光吃肉不吃蔬菜的，不吃这不吃那的，就没见过一个爱吃胡萝卜芹菜、爱喝水、爱吃饭的乖孩子。

　　大宝在过了周岁的时候，还是以喝奶为主，对辅食不怎么感兴趣。奶奶辛苦熬的花样繁多的粥，她尝几口就不要了。各种泥状食品她更不喜欢，亨氏的各种泥从来没有吃完过一罐，到后来只好扔。水果也不爱吃，果汁更不要喝只喝水。我每次带她出去看到别的孩子大口吃着大人用勺子挖出来的苹果泥、猕猴桃泥，总让我羡慕不已。

　　不过我也不着急，配方奶里营养很全面，里面各种营养成分都给配好了，不会营养不良的。再说每次体检她的身高体重都达标，平时精神也很好，这就够了。

　　只是，不吃水果很容易便秘的呀。没关系我有办法，我就每天给大宝补充维他命丸，要是便秘就给吃酸奶，补充儿童益生菌，她什么症状咱就一一拆解呗。其实，小孩很少真正讨厌吃一样东西，有时，她也只是暂时不吃而已。比如说，那天大宝就把妞妞的爷爷给的几颗葡萄给吃了，因为是别人东西呀，她觉得新鲜。另外，我把水果切成很小的丁混在酸奶里，大宝一次好歹也能吃点，呵呵。而且，孩子今天不吃不等于永远不吃，她不定哪天就吃了呢。所以家长

不必着急，不吃不要紧，总有东西可以替代。比如说，我会趁大宝看动画片的时候、心情特好的时候，把水果拿给她，她现在就能吃点西瓜了。

就算她以后不吃水果，我也不担心，不吃就不吃呗。咱小时候，水果可是稀罕物，也是偶尔才能吃到的，不也茁壮成长了嘛。

十三　童年应有动画片

大宝看的第一部动画片就是名闻遐迩的《天线宝宝》，大概在她一岁左右的时候我给她买的。还记得大宝第一次看到天线宝宝开头的时候，有个胖娃娃笑呵呵地出场，大宝立马笑得浑身胖肉直抖。那时，我觉得，动画片还是该让孩子看看的。

很多家长视电视如洪水猛兽，最好孩子能在眼球完成发育之前不看任何电视。但我觉得，现在社会，想让孩子一点都不看电视是不太现实的。想想看，我们大人每天在电视前要消耗掉多少时间？看电视成了我们寻常百姓的一个重要的娱乐活动了。孩子就跟我们呆一块，哪能一点都不受影响呢。

后来，我又买了《小小爱因斯坦》、《巧虎》，大宝都很爱看。万事皆有利弊，电视也不例外。很多家长担心电视看多了对孩子的视力不好，不过这个问题我倒一点都不担心。因为孩子的注意力只能集中个几分钟，几乎不太可能有把一部片子看完的时候，一般过了十来分钟他们的注意力就会转移玩别的去了，大人把电视关了不就行了嘛。这么点时间，眼睛是看不坏的。

优秀的动画片一般都是寓教于乐的。比如说《巧虎》里面就要教小朋友如何大小便、洗澡，如何跟小朋友一起友好相处，如此活泼感性的教育比单纯的说教好多了呢。

《小小爱因斯坦》我最喜欢，在此强烈推荐。大宝就是在看《小小爱因斯坦》的过程中，认识了鱼、猴子、大象、长颈鹿等许多许多的动物，认识了海洋、河流。而且这部片子耗资巨大，拍的都是实景，不是拍来拍去就那么几个卡通形象，我个人选它为儿童该看的动画片的首选。

凡事都有一个度，动画片也是。只要孩子不是终日沉溺于动画片，他们的童年里应该有动画片。

十四　牙迟早会出的，路迟早会走的

前天，我跟大宝说："宝啊，张开嘴让妈妈看看你有几颗牙了？"大宝立马很合作地张嘴让我检查（我和她爸从小就爱看她的牙，她已习惯了），我一看上下16颗小白牙都长出来了，一颗不缺！

别的孩子六个月的时候就有2粒小白牙了，我家大宝到了九个月连一颗牙都没有。别的孩子一周岁就会走了，我家大宝到了十三个月还只会爬。尽管育儿书上三令五申地强调每个孩子都不一样，不要跟人家的孩子比。然而当娘的出去看到别的孩子可爱的小门牙，扭着小屁股走路，心里总是羡慕的。

大宝九个月在儿保所体检的时候，大宝娘憋不住问大夫：怎么我家孩子都九个月了，怎么还没长牙呢？不会是缺钙吧。医生轻描淡写地说："牙总会长的，你见过哪家的孩子长大后没牙的？"唉，这当大夫的估计见了像我这号的爱瞎紧张的母亲，非常地不当回事儿。

等到了十三个月，大宝还不会走路，爬得飞快。她很早就学会了爬，十个月就能扶着沙发走来走去，当时大宝娘相当乐观地认为她很快就会独立行走了。不曾想，一直到十四个月大宝才迈出了第一步，急得我们哦。

十六个月的大宝已经走得很稳了，有时还会跑。那天，有一个小哥哥的妈妈问我们多大了，我说十六个月了，她说走得真好啊。我赶紧谦虚道："我家孩子走路走得慢，十四个月才会走咧。"那家孩子妈妈笑了："我家的那个十七个月才会走呢，不要紧的，晚走几天又怎样呢？"

可不是嘛，孩子晚走几个月有什么好着急的呢。那位妈妈的心态多好，现在看着一刻不停，跑来跑去的大宝，觉得当初的自己真可笑。牙齿总会长的嘛，路总会走的嘛。

做娘的通病就是，老爱拿别人家的孩子跟自己家的孩子比，明知没必要可还是改不了，呵呵呵。

十五　居然结巴了，差点崩溃

九个月才长牙，十四个月才走路的差生大宝，终于在说话这个项目上扳回了一局。加上大宝爱笑不怕生，看到街坊邻居就问好微笑握手，她的口齿伶俐总是能博得众人的夸奖。这让一向虚荣浅薄老爱跟人家孩子攀比的大宝娘心里很是暗爽。

可惜的是，她还没高兴几天。大宝在二十个月的时候突然有一天结巴了！真的是突然啊，事先一点征兆都没有。

那天，大宝说：我，我，我，要喝水。大宝娘一开始也没太在意，小孩嘛本来说话就不溜，偶尔结巴也正常。没想到，接下来的几天大宝的结巴次数越来越频繁，越来越严重，有几次居然边结巴边使劲地眨眼。阿姨和宝奶也慌了神，大家都不知道这是怎么引起的。大宝娘这下沉不住气了，这次我是真的抓瞎了！

上网百度"小儿口吃"，好家伙，出来一大片！看来这小儿口吃果然有说道。小儿口吃原因不明（谁家摊上谁倒霉，自己扛着吧），一般在孩子两岁左右的时候出现，男孩居多（大宝是丫头哈），但绝大多数孩子在四岁左右会痊愈，成人后真正成结巴的很少。一般有这种现象的孩子敏感胆小聪明（嗯，大宝就是个不折不扣的胆小鬼，还有我咋这么喜欢聪明这个形容词呢）。

对于小儿口吃，大人不可紧张（我就巨紧张，惶惶不可终日），也不要刻意纠正，更不要取笑孩子。如果母亲带着孩子就医（事实上医生也没啥好办法），孩子的口吃会更严重。还有口吃的孩子都很多是左撇子，大人不要去纠正。

于是，我关照阿姨和宝奶，以后大宝用左手写字吃饭的时候别纠正她，她说话口吃的时候装没听见，千万不要笑（宝奶就因大宝口吃哈哈大笑而被我严厉制止）。一句话，大家装聋作哑好了。

有时，看大宝又结巴了，说我，我，我，我会马上顺着她的意思说：宝，你要喝酸奶是不是？口气如常，对她的口吃完全视而不见。

我甚至想好了，要是大宝长大后还口吃，我就让她唱戏去，唱起来总不会结巴了吧。呵呵。

后来，大宝的结巴在快二十二个月的时候不治而愈，我也改变了让她长大后唱戏的决定。

十六　全职妈妈？人各有志

生下大宝后，我休了4个月的产假就上班了。虽然早上出门的时候跟大宝吻别，心里很舍不得，在公司里也很想大宝的小样，可是真的让我全职在家带孩子，我想我是不愿意的。

有一些母亲，生了孩子后一定要亲力亲为，给谁带都不放心，片刻都不愿离开孩子，恨不得把孩子含在嘴里，非得要做全职母亲才安心。现在有很多家庭，经济实力雄厚，妈妈在家爸爸养家也没问题，且妈妈愿意带孩子且视为乐趣，那么做全职妈妈未尝不可。

人各有志，有的妈妈喜欢带孩子，我却不擅长家务又缺乏耐性，我想我还是上班的好。虽然在公司没有担任什么要职，但多年来靠每月的出粮养活自己已成习惯。想到从此丢了饭碗，要在另一个人手里讨饭吃，顿觉心慌气短底气不足。

做全职主妇，对我而言，还有另一层意义。在休产假的4个月，几乎每天在家我都是蓬头垢面的。谁会打扮得山清水秀地抱孩子呢，衣服都是什么面料舒服就穿什么。脸上也是尽量不涂东西，因为孩子要在脸上蹭呀亲的，黄脸婆就是这样来的。我不希望看到自己这样，除了母亲，我还有其他角色。去上班，怎么也得描眉画眼地修饰下自己吧，总不能还是像在家那样邋遢吧。

而且，中国的国情，与欧美日本等国家不同。那里法制健全，福利丰厚，家庭主妇也很受社会尊重，若男人在外搞什么花头，法律保护妇孺，房子孩子还有赡养费，一个都不能少！而在我们这里，妇女没有谋生的能力，他日连孩子的抚养权都争取不到。想到这一层，我更不愿在家当主妇。倒不是信不过宝爸，只是往后的事谁都不能预料。家庭的重担让一个人挑，我觉得风险太大。

虽然陪伴大宝的时间少，那我就尽量提高质量。每天下班打开房门，大宝看到我就欢呼:妈妈来了，我敢肯定我是她的今日最佳节目。看到她又跳又笑，看到那张发自内心的笑脸，让人疲劳顿消。我把包一扔，兴致盎然地跟大宝躲猫猫，陪她唱歌跳舞讲故事，母女俩总是能玩得很high。我想以后大宝长大了，会渐渐地明白，妈妈虽然不是总能陪在她身边的，但有妈妈陪伴的时间总是很快乐、很高质量的。

十七 零食，吃吃有什么关系

　　我们公司就是做食品添加剂的，公司里有很多营养方面的专家。我发现那些营养专家在吃上面反而更随和，有什么吃什么。市面上盛传的那些苏丹红、孔雀石之类的添加剂在他们看来只要不摄入过量，偶尔吃吃有什么关系。

　　大多数家长都很在乎孩子今天吃得好不好多不多，我们公司有个女同事就说她儿子要是晚饭少吃几口，她就会睡不好。可是，我们大人有时候不也是不想吃饭、胃口不好吗？总之，在喂养这个问题上，我没有很讲究。我的观点是只要孩子身高体重达标，精神好，这个多吃一点、那个少吃一点或者偶尔少吃一顿，又有什么关系呢？

　　许多妈妈是严格限制宝宝的零食的，特别是糖，更是妈妈们的公敌。可惜，几乎所有的孩子都爱吃糖。就连大宝这样的不爱吃水果、蛋糕，看上去似乎不爱吃甜食的孩子也很爱吃糖。而且，不知你发现了没有，你越是禁止孩子吃糖，她越是对糖充满了无限向往。

　　孩子一日三顿只吃饭菜等有营养的食品固然好，可是你不觉得这样的童年太守规矩、太无趣了吗？如果让我选择每天吃寡淡但无味健康的食品活到100岁，还是愿意每天有滋有味地吃只能活到80岁？我想会有很多人跟我一样会选择后者。毕竟，人活一世，快乐也是很重要的。

　　我给大宝的零食中就有糖果，因为我觉得孩子的童年若没有糖果相伴，一定是不够甜蜜的。当然，我会仔细看糖果的配方，其实不是所有的糖都是蛀牙的，现在有很多甜味剂如木糖醇就是保护牙齿的。一般而言，零食最好是买进口的，因为我们国家对进口食品有一套标准的，所以不会乱来。除了糖果，我的零食菜单中还有核桃仁，各种饼干，酸奶轮换着给。基本上，除了薯片蜜饯等少数垃圾食品，我对零食的限制不多。当然，零食要在两餐之间给，不然会影响正餐。

有一段时间，大宝老惦记着吃糖，给她一颗不满足，吃完了还要。因为成天喊着要吃糖，为此她爸爸很不高兴，责怪我给孩子糖吃以至于让她吃惯了。把我给说烦了，跟宝爸发了一通火后，我索性把整包糖都给大宝了，她想吃多少颗都行。一开始，大宝都快乐疯了，她一定纳闷怎么今天会有这么好的待遇，使劲地吃。不过，只过了一天，她就对那个还剩下大半包的糖果袋子看也不要看了。看来，没有人会珍惜自己可以轻易得到的东西，连小孩都不例外！

看现在很多父母都在抱怨孩子都爱吃肯德基等垃圾食品，很犯愁。关于这个问题，当然我现在还没碰到。如果说有朝一日大宝天天吵着要吃肯德基，我也想好了怎么对付她。届时我带她一天三顿都在肯德基解决，我就不信，连着一个星期下来，她还会爱吃肯德基？我也不信，连吃一个礼拜的肯德基就能让一个孩子从10岁一下提前发育到18岁！

十八　老人带孩子利大于弊

我得承认在没有孩子的时候，曾经说过很多过头的话，为此我表示深深的歉意。理论和实践真的出入很大啊。

比如说我曾说过，孩子不能让老人带，老人缺乏现代育儿知识又容易溺爱孩子，害处多多啊。

不过大宝生下来后，宝奶一直跟我们一起住。大宝的爷爷很早就过世了，奶奶一直没有再嫁。宝爸是长子，宝奶是头一回当奶奶，自然是满腔热情，大宝出生后她自告奋勇顺理成章地住我家，我也不能轰她走吧。虽然大宝有阿姨带着，但老人负责买菜做饭打扫卫生兼起监督作用。到现在，我深深地觉得，家有老人是个宝，尤其是我有了大宝以后体会更深刻。

不可否认，老人带孩子确实有些弊端。比如说，宝奶总是给大宝穿得很多，就算发烧时医生吩咐少穿点她也要捂着；比如她总爱唠叨阿姨这个那个干得不好，以至于有两任阿姨因她而离去；比如她就算被大宝掌掴依然乐不可支，我上去呵斥她还说小孩子嘛打人有什么关系；比如大宝满地打滚我不理她的时候，总是宝奶心肝宝贝地叫着过去圆场。

不过，宝奶在我家，总体是利大于弊。有她在，我和宝爸有事出去多放心呢，说到底，阿姨再可靠毕竟是外人呐，总得有人看着吧。偶尔，阿姨回家休假的时候，奶奶还能顶两天。有她老人家在我家，不知有多放心。

至于老人溺爱孩子，我一点都不担心。一个在满满的爱中长大的孩子至少是自信的，不缺安全感的。要知道，这是人生中多么可贵的品质，比起因溺爱而生的骄纵和任性，一个终生都在寻找自信和安全感的孩子不也很糟糕吗？

那天，宝奶说等二叔有了孩子，她就帮他们带孩子去。呵呵，二叔刚结婚，二婶的肚子还没动静呢，至少也要一年后才能实现呢。届时大宝已经上幼儿园了喽！

十九　孩子的腚，打还是不打

我们中国多少年来都是推崇"棍棒底下出孝子"，《红楼梦》里的贾宝玉虽然顽劣，但一看到他老子，吓得不敢说话差点尿裤子，就是因为他老子老拿棍子揍他。

我们这一代人，多少都领教过父母的棍棒教育的吧。大宝娘虽然是个糊涂虫，但在有些方面的记忆力好得惊人，特别是远期记忆。她有一次跟小姨说小时候外婆家隔壁有个小男孩被拖拉机轧死了，他妈妈哭得几次昏厥。小姨大为惊异，那时的大宝娘只有几岁，怎么就记事了呢？小姨当即觉得大宝娘是天才。所以，小时候，父母揍我我都记得清清楚楚的，现在还拿出来他们算账。奇怪的是，他们自己早就忘了，坚决矢口否认。好朋友们在一起有时会笑谈儿提时调皮捣蛋，回家被父母揍的经历。有被拖鞋打的，有罚跪的，最厉害的体罚是跪搓衣板。看，这就是中国式父母的教育啊。

据称在美国，打孩子触犯法律。所以美国孩子，就算功课差得一塌糊涂，顽劣异常（要搁在中国，这孩子肯定父母老师都不待见，还要被贴上"差生"的标签）的孩子，个个自信满满，人人觉得自己是天才。公司里有个同事的儿子，五岁时有一次调皮被他老子打，他跟他爸爸说："你敢打我，我就打110！"这孩子，该放在美国去。

我曾经说过，我反对棍棒教育，坚决不打孩子。遗憾的是，大宝还只有二十二个月，我就已经揍过她了。我再一次地把自己说过的话给吃了！

那天我真是气得要疯掉了。大宝也不知怎么了，几次打我的脸，打完自己笑得格格的乐不可支，她以为打人是游戏呢。我屡次说："宝，别打妈妈的脸哦，别打啊。"可是不管用，她还是打。后来，我不理她，坐沙发上看电视。突然，又一巴掌落在我的脸上，然后大宝笑得格格地跑开了。我气急了，上去狠狠地拍了她的屁股好几下，真的挺重的，大宝这下被打痛了，开始大哭，我没哄她哭就哭吧。过会儿她哭完了，脸上还挂着泪，居然又笑眯眯地过来打我的脸啦，崩溃了。我又揍她的屁股。这样来回好几次，大宝的屁股都被揍红了。而且，我一点都没心疼。我真是气了个半死，这倒霉孩子，真是讨打！

被打过一次后，大宝也长了记性，知道妈妈气急了也是会打人的。后来一次，她把我新买的手机扔进洗衣盆里，我虽然没打她，但她看我脸都绿了知道我是急眼了，马上挤出笑脸还过来亲我的脸来讨好我。再以后，她看到我的手机就说，妈妈的手机，然后会把手机递给我。再没有像以前那样，拿着我的手机不肯撒手，要是我不给她她就耍驴。看来，偶尔打一回，还是很有效果的。

我想起了周星驰演的一部电影，讲一个学功夫的满师了下山，临走前师傅叮嘱出门凡事要忍，不要跟人打架，被人打也不好还手。师傅还给了一个锦囊，关照到了紧急关头时再打开。徒弟下山后谨记师傅的教诲，从不惹事，有一次被流氓地痞欺负围殴，紧急时打开师傅的锦囊，里面写着：打他个老母！

呵呵，对于是否应该打孩子，我的态度跟那位师傅的相似：最好不要打，但实在忍无可忍时，打吧！

二十　早教要顺其自然

大宝在一周岁的时候，我给她报了早教班，离我家不远，过去挺方便的。

上早教班，决不是望子成龙。也不指望她能学到什么，每天大宝出去的活动范围就是就我家周围的那几个小区，也没个正经让孩子玩的机构。所有我希望大宝能有个正经玩的地方，同时能有机会跟其他小朋友一起玩，有分享的机会。当然，最好能在玩的时候快乐地主动地学习。快乐，是我一贯强调的宗旨。

一开始，我买了一张只能上12节课的卡，因为想试试看，想着万一她不爱上，放弃也不可惜。

没想到，大宝同学很爱上早教课，她是个好表现的很有表演欲的孩子，这点随她娘。老师上课的时候，大宝一定要凑到老师跟前，目不转睛地盯着老师，她的脸跟老师的脸离得很近很近，近得让我担心老师的口水都溅到大宝的脸上了。最好笑的是，老师拿出一样东西来的时候，大宝都会大声惊呼，比如老师拿出一个玩具，大宝就会冲我大声疾呼，玩具，玩具！看上去就像老师的托儿。有一次看到一大堆玩具，她居然惊叫："发财啦！"家长们都笑得快昏过去了。无论在游戏课、音乐课，还有艺术课她都表现得很高兴，一副积极参与的样子，老师们也都很喜欢她。这样，她就更爱上了，每周一节的早教课成了她的最爱，每个周末只要跟她说上课去了，她就迫不及待地要跟我们走。后来等12节课上完，我们又买了一张年卡，上完了她也就该上幼儿园了。

关于如何让孩子知道分享，这可是个大难题。现在每家都只一个娃，家里人都是围着孩子转的，孩子想不自私都难。每次去早教中心，看到有些孩子的出场阵容那个庞大啊，有爸爸妈妈爷爷奶奶甚至还有菲佣，一堆人围着孩子转。在这样的环境中长大的唯我独尊的小皇帝，你要跟他说要学会分享，他怎么会听得进去。

有一次，在早教中心，那里有个塑料的小屋子，里面最多可以容纳两三个小朋友。有一个大概五岁左右的小女孩先进去了在里面玩,大宝随后也进去了。那个小女孩看到大宝进去立马嚎啕大哭,她奶奶在外面劝她:"让妹妹一块玩呀，让妹妹玩玩有什么关系了。"那女孩哭得更大声了。孩子奶奶很不好意思地跟我们解释说:对不起，这孩子就是小气，怎么跟她说都没用。孩子奶奶一脸地尴尬，我连忙说没关系，小孩都那样的。随后我们把大宝骗出那个小屋子，那个女孩才停止大哭。

其实我特别理解那位奶奶的心情。大宝在一岁多一点的时候，就有了小气鬼的美名。那时邻居都爱逗她，看到她就跟她商量:"宝，把你的车车让我坐坐好吗?"本来已经下了车的大宝立马上车，一副谁碰我的车我就跟谁急的架势。邻居们继续逗她:"宝，把你的糖糖给我吃好不好?"大宝立马把手里的糖塞嘴里。邻居们看她那么忙活，开心得不行。这倒也罢了，问题是每次出门的时候，大宝看到其他小朋友手里的玩具，上去就抢一副拼命三郎的样子。要是我们把她抱开，她就倒在地上打滚，一副泼皮无赖样。弄到最后的结果，就是双方的孩子在哭，双方的大人一脸的尴尬。我有时真想走开装作不认识这小孩。有一段时间，我们看到手里有玩具的小孩，就绕道而行，省得再发生尴尬的事情。这么点大的孩子，道理怎么跟她说没用。我也只能指望以后大宝上幼儿园天天跟别的孩子玩，希望那时能真正愿意学会与人分享。

现在不是都在说不能让孩子输在起跑线上嘛，所有的家长都憋着一股劲努力让孩子不甘人后，这点从早教中心的人满为患就能看出来了。只是，我看到有些孩子实在是不愿意上课，有些孩子一上课就哭闹，这样不仅浪费了钱，大人孩子还都不高兴，何苦呢。

我还是要说，早教还是顺其自然地好。孩子喜欢上就上，要是不喜欢，大人也不必觉得孩子不爱学习。毕竟，这才多大点的孩子，贪玩不愿受约束太正常了，大人不该着急。

咦，写到这里，我发现我的流水帐育儿经里在反复强调一个观念:不着急，顺其自然。是的，顺其自然就是我的育儿经验，如果说这也能称之为经验的话。初为人母的我，毫无经验，从一开始孩子稍有点情况就爱大惊小怪，着急上火，到如今已经能见招拆招，一副兵来将挡水来土掩的架势，不是没有收获的。回首大宝这二十二个月的成长历程，所经历的无论是回奶、夜啼、吃饭、大小便训练、看电视、生病、结巴，我用来对付这些的，其实也就是将就着，捱着，再假以时日，等其自然好转。以后的在伴随大宝成长的日子里，我不知还会遇到些什么。不过，我已经学会了不着急，不焦虑，也做好了从容应对的准备。

这就是我，一个菜鸟级懒妈妈的育儿经。

儿子教我

怎样做母亲

洪峥

> 从我和我儿子的经历来看，是我一直在学做母亲，跟着儿子成长的脚步，一路跌跌撞撞，亦步亦趋。

教育是个宽泛的话题，自认不敢妄谈教育。从我和我儿子的经历来看，是我一直在学做母亲，跟着儿子成长的脚步，一路跌跌撞撞，亦步亦趋。大多数的教育是按照书本照本宣科、现学现卖，另一部分出自自己的成长经历和本能。不过还好，经过努力，经过学习，现在：

我是个温良的母亲，合格的妻子，美丽的女人，称职的工程师。人到中年。

儿子是个健康的，阳光的，独立的，聪慧的，优秀的少年。初二学生。

一　有宝宝了？可我还是个孩子啊

当大夫笑眯眯地告诉我："姑娘，你没什么病，只是怀孕了……"我惊讶地张大了嘴，喃喃地说："不会吧，我还没想要孩子啊。"那是1996年5月，我和老公刚从华山旅游回来，那年我25岁，心理年龄应该只有18，结婚不到一年，刚刚开始实施婚后游遍名山大川的计划。

25年来，我可以说是"万千宠爱集一身"。父母都是高级知识分子，他们很恩爱，对我也极其宠爱，我还有一个长我七岁的哥哥，他自然也是事事都让着我。我像公主般被呵护着长大，顺利地考取了在家乡的国家重点大学，顺利地大学毕业进了专业对口的设计院，顺利地相亲结了婚，顺利地过着幸福的二人生活。

套用句当下时髦的话，我是"被学习""被工作""被结婚"，现在"被怀孕"了，我的一系列"被生活"使我"长大未成年"，单纯又任性，虽然结了婚，虽然25岁了，但我从未想过会当母亲，在心理上，我自己还是个孩子。我对于当母亲的概念大抵是这样的画面：绿茵茵的草地上，胖乎乎的小孩憨态可掬地一边笑一边跑，郎才女貌的年轻父母坐在草地上亲亲热热说着话……

从医院回家的路上委屈地给老公、妈妈打电话，结果他们都异口同声地说："可不能不要啊！"当天晚上去婆婆家蹭饭吃时，老公特意多拿了双筷子，告诉公公婆婆家里要添丁进口了，他们都高兴坏了，我这才知道，原来除了懵懵懂懂的我，全家人都心照不宣地盼着这一天呢。

怀孕时我很漂亮，脸红扑扑的，气色出奇的好，除了肚子大一点以外，和平时没什么变化，连生活习惯也没什么变化，依然上班、逛街、洗衣服、打扫卫生，没有因为怀孕有半点特殊的地方，不需要躺在床上保胎，也没有呕吐到不能吃饭，好像印象中只轻微呕吐过两次，还都是因为坐车时间太长。晾衣服和跪着擦地这样的活儿我也按照平时的习惯做着，同事听说了，告诉我千万别在前三个月干类似晾衣服和蹲着刷马桶这样的活儿，会流产的。赶紧买了书学习，书上说不容易流产的胚胎是优秀的，自然流产也算是自然界的一种优胜劣汰的方法。心下窃喜：原来我的孩子这么优秀呢，接下来还会傻傻地想：在华山这样灵秀的地方孕育，又有我们这样年轻健康的父母，想不优秀都难啊。于是越发的心情愉快放松，连以前爱凑热闹的习惯都没改。记得怀孕六个月的时候，大连森林动物园预开园，那是一个国家4A级风景区，而且是全国城区内最大的动物园，占地7.2万平方公里，风景如画。我非要去参加，结果挺着肚子，和老公在动物园里逛了整整一天，回头率那真是前所未有的高；怀孕九个月的时候，有一天下班我冒着大雪去参加一个抽奖活动，当我喜孜孜地拿着奖品——一个小钱包回家时，天都黑了，而且下雪路滑，把他们都急坏了。

后来生产时非常顺利，大夫说跟平时运动适量、饮食适量、心情愉快有关系。我1.68米的个子，最后体重只增加了28斤，跟书上说的相差无几，全身哪儿也没肿过，去医院住院时还穿着系带的棉皮鞋。

二 她们能行，我怎么会不行

　　应该说我的准妈妈阶段基本是无忧无虑的，每天都带着好玩儿的心态对照书本检查自己，并尽量按照书本要求运动、做操和胎教。但在离预产期一个多月时，我突然焦虑了起来，想是频繁的胎动让我意识到他真的要来了，我开始担心书本上的那些抱孩子的要点是不是正确，包尿布的方法会不会是纸上谈兵，我准备的婴儿用品是不是适用……其实我真正担心的是我能不能把孩子生下来，我能做一个母亲吗？

　　那段时间我忧心忡忡，经常跑回家找妈妈撒娇，诉说我的担忧。因为焦虑，我起了荨麻疹，满身大疙瘩，奇痒无比，家里人看着我都难受。最重的时候连脑门都肿起来了，最后脚心都起了红疙瘩，痒得我抓心挠肝的，但我硬是挺着没吃药，怕对胎儿不好，虽然大夫说这个时候吃一点药没关系，但我担心万一，别说万一就是十万分之一的危险也不行，就那样痒了三天，荨麻疹终于退下了。连我自己都佩服起自己了，真是太有毅力了，在我25年的生命里还从未如此坚忍过。

　　荨麻疹退去后不久，我清楚地记得那天下班后像往常一样经过人民广场，广场上一个环卫女工在扫地，旁边卖报亭里一个女人在低头哄着孩子，马路上匆匆走着各个年龄段的女人，我的耳边突然就响起了妈妈一直对我说的话：大宝，你一定行的，靠自己才能解决所有的问题，你要当妈妈了，一定要学会独立和坚强。就在那一瞬间，我豁然开朗，是的，她们能行，我怎么会不行？我一定做得比她们好，我一定会是一个好母亲！

　　应该说，我的"被生活"阶段在那个时刻结束了，因为我的孩子，我长大成人了。

三　我的天使我的老师

　　和别的妈妈比起来，我的分娩过程无疑是幸运的，用大夫的话说，这孩子太着急了，恨不得自己跳出来。我半夜11点进的医院，第二天早上8：20分，儿子就降生了。虽然早上6点半的时候我也曾疼得抓着妈妈和老公的手，哭着说，"太疼了，我受不了了，能不能不生了啊？"但和别的母亲相比，这点疼痛还真是小巫见大巫，看着别的母亲怀孕时千辛万苦，生子时痛得死去活来，我总是忍不住弯了嘴角甜蜜蜜地想：我儿子是个孝顺孩子呢，从小小小的时候就孝顺……

　　是的是的，1997年1月16日，鼠年的腊八，我又有了一个新的身份，我正式成为母亲了。我的天使降临人间。

　　儿子刚生下来时有着红红的唇、圆鼓鼓的脸，还有着别的孩子没有的长睫毛，他被放在我的左边推出产房，全家人都围过来目不转睛地盯着他看，全然忽略了他旁边还在血泊里的我，而我也苍白着脸看着他傻傻地笑。当天下午，我依然不知疲倦地看着他，他的每一个举动都能引来我的惊叹，他轻轻地叹气，斯文地打哈欠……忽然我发现儿子的嘴唇上有血，天哪，他怎么了？我的大脑一片空白，岔了声地喊老公去叫大夫，大夫仔细检查了孩子，又检查了我，然后疑惑地问我："你不疼吗？他唇上是你的血，他把你的乳房吮破了，你不知道？"哦，感谢上帝，出血的是我，我的儿子是健康的！原来为了早点有母乳，也为了让孩子早点会吸吮，医院要求妈妈们一生下来就要经常有喂奶的动作。我和儿子都严格执行医院的规定，所以才吮出血了，谢天谢地，虚惊一场。我对儿子的关注居然使我忽略了自己的疼痛……

这可能是母亲的本能吧，作为母亲，我愿意把属于我的万千宠爱都给他，我愿意给他我的所有，他是我的天使。

我想每个母亲都是这样，无论她曾经怎样娇气怎样少不更事，当她成为母亲后，孩子首先就教会了她什么是爱，什么是毫无保留的无怨无悔的爱。

四　儿子教我怎样做母亲

成为母亲之后的日子，用一句话形容就是痛并快乐着，用两个词形容就是忙碌和充实，有好几年最想说的话就是："我想睡觉，我要睡觉，我是睡觉呢还是睡觉呢还是睡觉呢？"但是没有时间睡，在儿子的引领下，我迅速成长，学习怎样做母亲。

儿子用哭声告诉我抱他的姿势不正确，用满足的叹息告诉我他吃饱了，用安静的睡眠告诉我他很舒服，用挥舞的小拳头告诉我他很快乐，用新学会的翻身告诉我他很棒妈妈也棒……我用心体会他的所有，不断地进步进步再进步。书上说月子里母亲吃咸了对孩子不好，我就整整一个月几乎一点盐也不吃；书上说多吃猪蹄奶水才好，我就闭着眼睛吃没有盐的大猪蹄；书上说要经常给孩子立起来，我就不顾月嫂的大呼小叫，笨手笨脚地把他立一会儿，看他的反应比书上说的还适应，就次数稍多一些；书上说4个月时应该在婴儿床上吊个玩具，刺激孩子的视觉和抓握能力，我就想方设法把玩具吊起来，经常换不同颜色、大小的玩具，有时候还把自己的手或脸"吊"在玩具旁边，让儿子看和抓，他会咯咯地笑个不停；冬天给孩子洗澡，为了能暖和一些，我宁愿把大澡盆放在卧室暖气旁，然后从卫生间一小盆一小盆端水倒进澡盆，洗澡后，把孩子擦干裹好安顿好，再一小盆一小盆端出去倒掉，然后再把地板上的水用抹布擦干净，天天如此，腰都快累断了也毫无怨言。

儿子给了我母亲的身份，也给了我释放母性的机会，我学会了去爱，学会了照顾别人，学会了因为别人的快乐而快乐。整个产假期间，我的世界里除了儿子没有其他，老公心疼我，硬把儿子送到奶奶那儿几个小时，拉着我去"放风"，看着天上的星星、地上的霓虹，还有闪烁的车灯、熙攘的人群，我恍若隔世，以前那个十指不沾阳春水，整天想着旅游、跳操、逛街的娇娇女哪去了？好像离我已经几个世纪那么远了。我现在只剩下了一个名字：母亲。

五　坐公交车抱着孩子去上班

做母亲还是做工程师？这个问题如果现在问我，我会马上而且坚定地给出答案：既做母亲又做工程师，都能做好。但在当时我还是没有这个自信的，当四个半月产假结束时，我为难了，上班的话，没人带孩子，家里四位老人都上班且都非常非常忙，他们都是五十年代的大学生，公公婆婆都是清华大学毕业的，而且我还坚持母乳喂养；不上班的话，单位里正进行一场变革：用电脑绘图取代针管笔和图板画图，如果我不去上班，那意味着我将来要自己自学电脑而且还会一定时间内被边缘化，明年我要评职称，需要做项目，不能没业绩。

这里我要感谢我的儿子，他是那么乖巧、快乐和省心，他使我有勇气下决心抱着他去上班，到班上后把他送到单位附近的托儿所，按时去托儿所喂奶，上班时间就高效率地设计、画图、学计算机、学软件，下班后再抱着他坐公交车回家，回家后给他准备辅食，给他洗澡，给他讲故事，哄他睡觉……都不记得有多少次自己忘记吃饭了。

让人欣慰的是儿子是托儿所里最小但最愿意笑的孩子，虽然第一天我走的时候他大哭不止，再见到我时更是哭得肝肠寸断，但他很快就明白了一会儿妈妈会再来，就不再哭闹了，而是在我快去的时候想办法爬到离门最近的地方等着我，给我大大的笑脸，我走的时候不看我，专心玩我给他的瓶盖积木。

半年时间，我们就是这样一起上下班的，在这期间，他学会了坐，学会了爬，学会了叫妈妈，学会了看着车窗外的风景对我笑……儿子十个半月的时候，我的母乳根本不够他吃了，一晚上要起来七八次，记得一次太困了，喂了他之后就睡着了，没有把他放回小床上，结果他滚到地下去了，把我和他爸爸都吓醒了，他却在地上睡得香。除了母乳之外，儿子不喝其他任何乳制品，牛奶奶粉都不喝，只吃辅食，怕他营养不够，只好狠狠心彻底给他断了母乳。断母乳那几天，据他奶奶说，儿子每天就一个任务——哭，并拒绝所有液体，后来累得哭都哭不出来了，哭着睡，睡醒了接着哭，折腾了快一周。从未见他如此闹人，他从来都是个脾气好的乖孩子，这下让大家见识了"老实人"发脾气。再见到我的时候，用小手搂着我的脖子，把小脸藏在我的颈窝里，那一刻我感觉很温暖，觉得和儿子贴心贴肺的。断了母乳后在家附近找了一对慈祥的老夫妇照看他，我把他送到老夫妇家，晚上下班再接回来，结束了娘俩儿一起上下班的生活。

上班后我曾对同事笑言："你们看吧，我会是个敬业的好员工，会和从前不一样，我从带孩子这件事上学会了无论做什么事都要有责任心、有耐心还要有不求回报的付出精神，并体验到了成就感，这些都是以前没有过的，都是儿子教给我的。"他们都笑，其实我说的是真心话，而且孩子的成长日新月异，容不得半点偷懒、推脱、拖延，必须咬紧牙关，努力努力再努力。这也是儿子教我的。

儿子不仅教我怎么做母亲，还教我怎么做人。

六 爱上阅读，爱上"写作"

读书经历

屈指算来，我"读"书已有近十年了。小的时候，我每天晚上听妈妈讲故事，不然我睡不着觉；大些了，就自己看拼音和画；刚认字的时候，我自己看小儿书；认字多些了，就开始看真正的连环画了……直到现在，我已可以看小说之类的了。

我读过的书中有很多本我都觉得非常好看，但我最喜欢的还是中国四大名著之一的《三国演义》。我看第一本《三国演义》是一本两三厘米厚的连环画，现在我爸那两本共有四五厘米厚的半古文半白话的原文正版《三国演义》，我也看了三四遍了，越看越爱看，越看越觉得有趣。我还声称要把四大名著的其他几本也看到这个地步，实实在在是因为我在读《三国演义》的过程中受益匪浅，别的不说，就说夏天的夜晚吧，我常常和爸爸妈妈出去散步，边散步边讲历史，当讲到三国时期的时候，他们已经需要经常向我请教了，我很有成就感。还有，我读名人传记时，那更是感慨万千，收获多多。总之，通过读书，我觉得我在生活中说话变得有趣了，写作文也变得容易了……在书中我既获得了知识，也获得了快乐。由此可见，读书是多么重要啊。

莎士比亚曾经说过："书籍是全世界的营养品。"我觉得这句话特别有道理，我自己就在读书中有很大收获。多读书，读好书，这个道理我是永远不会忘的。

这是儿子小学里的一篇作文，我看了后很是欣慰，孩子爱上阅读，这是一件受益终生的事情。

　　如他作文里所言，他小的时候讲故事是我们俩的必修课，不讲他睡不踏实，《格林童话》《安徒生童话》《水浒传》《三国演义》《西游记》《黑猫警长》《小王子》《昆虫记》《鲁滨孙漂流记》《神秘岛》《格兰特船长》等等，各种深浅、各种版本的书，几大箱，天天讲，大概讲了有两个一千零一夜吧。

　　讲的时候，结合他的生活，用他能理解的语言给他解释很多故事里出现的常用的词、常见的事还有典故，这个环节非常重要，他能获得比故事书多得多的东西，包括"大道理"，也算是互动环节吧。讲的时候声情并茂，孩子的收获最大，他碰到相同情境时会模仿，而且对于朗诵有很大帮助。儿子现在已经13岁了，从小学到初中，朗诵在班里一直是受到表扬的。

　　他3岁的时候，我考上母校MBA，无论是考前复习还是后来念书还是最后写毕业论文，不管多忙多累，从未耽误给他讲故事。考前复习的时候，下班忙完家里的事后，8点45准时给他讲故事，之后他睡着了，我起来看书到12点，有的时候就太累了，讲着讲着会睡过去，他会用小手轻轻推我，然后目光炯炯地看着我说："妈妈刚才讲错了，黑猫警长还没来呢。"

　　因为他的认真，因为我的坚持，儿子爱上了阅读。

　　儿子看书不挑，什么书都看，看什么都津津有味，看什么几乎都可以做到一卷在握、可忘寝食的境界。现在他读初一了，最爱做的事情就是去图书馆和书店。涉猎也相当广泛，科技类、小说类、历史类无所不包，因为书看得多，所以他的知识面很广，人也很风趣，这样在收获了知识的同时收获了自信也收获了友谊。

　　这里要特别提到的是阿加莎·克里斯蒂（外文名：Agatha Christie）的书和当年明月的书。我喜欢阿加莎的书，先后买了十几本，从未想过儿子会爱看，因为是英国人名，英国的风俗习惯，英国的语言习惯，其所有悬念都在最后揭开，而推理过程对于儿童来说是过于严密了，看过电影《阳光下的罪恶》和《东方快车谋杀案》的人都知道，那么复杂的人物关系和利益关系，还有那么精准的时间配合，对于一个儿童阅读者来说应该是晦涩的或者是枯燥的，但儿子跟我一样爱看，还能和我讨论得津津有味。我想也许是我的热爱引起了他的兴趣？能与我讨论故事情节应该也是兴奋点之一，当然还有书本身的精彩和我的遗传基因。由此可见，家长的爱好和兴趣能对孩子起到举足轻重的作用，作为合格的家长，应该拥有自己的爱好，而不是只陶醉于为了家庭"牺牲"自己。

儿子三四岁的时候我因为不脱产读研，所以在家免不了要见缝插针地看书写作业，时间久了，儿子也学会了在独自一人的时候找出他喜欢的书高高兴兴地看。可能他看妈妈老是这么"玩儿"，所以他也学着玩儿，玩着玩着就有了兴趣。很多时候当他问我为什么的时候，比如人为什么要睡觉？为什么小孩要睡午觉，妈妈不睡？金鱼睡觉吗？我经常在告诉他为什么之后加一句，书上说的哦。

关于儿子的识字，我好像没有刻意教过他，只是平时看见什么就指着念给他听，讲故事时碰到白天看见过的字，会指给他看；家里贴着汉字英文卡片；领他下楼梯时会数数，中文一遍英文一遍；坐公交车时，会读站牌；看见警察，会告诉他，这个叔叔跟黑猫警长一个职业；看见外国人，会告诉他，格林童话故事里的人大部分是那个样子的，地球是圆的，他们生活在地球的那一边。不管他懂不懂，都讲给他听，然后给他推荐几本书，从书里找到讲过的东西的关键词和话，再让他自己看。他上幼儿园后也学了些字，再加上他以前就认识的，在街上就能读不少标牌了，认字热情高涨，也因此闹了不少笑话。4岁时带他到超市买东西，事先告诉他我们要买什么，让他帮着找，结果在超市里儿子用清脆的童声大声喊：妈妈，我找到傻乐牛奶了！一时间周围人都看着我们笑，原来是奥乐牛奶；还有在公交车上，儿子指着路边一个大大的牌子大声念：寒容加非，然后问："妈妈，什么意思啊？"我定睛一看，是赛客咖啡，一个也没念对，给他解释什么叫咖啡，赛和客都什么意思。还有一次我和他爸爸随便聊三国里曹操和荀彧的关系，儿子一直一言不发，我们很奇怪，就主动问他：

"你觉着荀彧这个人怎么样？"儿子嗫嚅着："我才听出来你们说的是谁，他叫荀彧啊，我一直叫他"苟或"来着……"这样学的字儿子印象深刻，长大后还时不时拿出来自嘲一番。

当年明月是《明朝那些事儿》的作者，现在是儿子的偶像之一。应该说《明朝那些事儿》给我们全家做了一次明朝历史的"科普"，由于写得轻松诙谐，所以容易阅读，容易记住，我们饭桌上的话题经常是这本书里的人物和语言，大家都忍俊不禁，儿子在生活中也经常提到这些明朝的人物，比如朱重八和朱木匠是他经常挂在嘴边的两个人，好像他们就是他们班同学似的。更有趣的是儿子喜欢上了当年明月的叙事方式，开始了自己的"文学创作"，他着手写一部小说，科幻题材，外星球的几大集团之间的争斗，人物名称来自同学的真名和绰号，争斗中有明争和暗斗，其中间谍和情节的安排让人想起阿加莎的手法，但整个作品的叙事风格却是当年明月的。由于课业繁忙，小说只写了三章，虽然儿子中学的作文成绩实在不敢恭维，已经成了拖后腿的科目了，但这部小说的开头还是蛮吸引人的。我相信，有这样写作愿望的儿子，他的作文总有一天会写好的。

应该说给孩子讲故事培养他阅读的习惯，当初也并非我有意为之，我一直都在磕磕绊绊地学着做母亲，在最初的阶段是没有那么多筹划的。讲故事是孩子本身的需求，也是我个人的习惯和爱好使然。我个人的成长经历中，父母培养了我阅读的习惯。书籍在我的成长中起到了举足轻重的作用，我有什么困惑会想到去书里寻求答案，并因此而获益匪浅。有点遗憾的是当初对于古诗词的熏陶少了些，儿子没有爱上诗词。现在家里吃饭或者外出散步时经常和他爸爸故意讨论诗词，讨论诗词的意境，讨论当时作者的仕途情况及写作品时的心境，引起他的兴趣，效果还是不错的。儿子在学校也学了一些诗词，碰上他学过的，他会热烈地参加讨论。希望长大后他能爱上诗词，能体会到诗词的妙处。

七　取长补短和扬长避短

关于孩子的特长，我的观点是小时候要取长补短，长大后要扬长避短。

在儿子小时候，只要他不反对，我就带他去参加各种课外班，水彩画、素描画、电子琴、围棋、天文、游泳、英语外教、乒乓球这些在他小学二年级以前都学过。通过参加这些课外班，不仅有技能上的收获还能发现儿子的兴趣和强项。

儿子现在会自己画漫画，虽然按标准来说"拿不出手"，但起码他爱画，以小学同学为主角的铅笔连环画被初中班主任看到后，作为奖励在班里留存，谁考试进步了，可以去老师那儿看儿子画的连环画。电子琴在大连他考过了五级，三年级到北京后人生地不熟的，一时找不到合适的老师，就没有再弹，但估计他长大后若有心想弹琴，很快就能捡起来。游泳七岁的时候就学会了，现在每个暑假都会给他办张游泳的卡，他经常去游泳馆游泳。乒乓球也是能和别人对打一阵子，虽然水平一般，但和同学热火朝天地玩是没问题的。天文课更是上得高兴，最大的收获是他爱上了天文，现在儿子的天文知识在我的水平看来可以叫渊博。那时候在大连，上课的地方集中，大部分都在市少年宫，所以也没觉着怎么辛苦，周末都是高高兴兴去上课，孩子体会着不同的技能和知识带来的快乐，我体会着孩子不断进步的快乐，大家各得其所，其乐融融。

从儿子上幼儿园大班时起，出于我个人对电影的热爱，我经常领他去看电影。美国电影丰富的想象力，美轮美奂的场景，还有无往而不胜的励志情节及随处可见的幽默，潜移默化地影响着儿子。现在我们出去旅游时儿子照的照片从构图及光影效果上都是比我和他爹是胜出一筹的，还有幽默阳光的性格、发散的思维以及丰富的想象力，肯定不全是电影的功劳，但一定有电影的功劳。

到北京后，儿子在学校里自己选了软笔书法、羽毛球、单片机和奥数的课外学习班，也小有成绩。书法在小学学了三年，现在还坚持学，初中班级的班训，就是儿子用毛笔写好后挂在他们班墙上的，据说考试前同学们都要去拜一拜，以期获得好成绩。单片机在学校学出了兴趣，又到东城区科技馆去学，后来参加北京的比赛，获了很多奖。四年级就获得了"东城区电子技术锦标赛小学组一等奖"，他们小学四、五、六三个年级获一等奖只有两人。在家里自己可以焊接一个半导体，虽然经常不好用，但我和他爸爸还是很自豪。在单片机的学习当中，手工焊接是儿子最拿手的部分，据说精准快速，是单片机比赛能获奖的重要因素。这个我想跟小时候的"精细动作"训练有关，他小时候，经常给他一些瓶子和瓶盖，大小不等，需要一一对应才能盖上，他很喜欢玩，一遍一遍不厌其烦，还经常玩些插来插去的积木，用他奶奶的话说，这小子手真巧，将来当个外科大夫没问题。

关于奥数的学习，不能不说。奥数也是儿子的兴趣，他爱做奥数题，做出难题会兴奋，他会花一个小时做一道题，没有兴趣是不可能做到这一点的。对于数学的兴趣，应该跟小时候随时随地的启蒙教育有关，儿子从小就是个爱观察的小孩，有一次走在马路上问我，妈妈，马路为什么中间高两边低啊？还有一次看见挡土墙，问我，妈妈这墙上为什么会有洞啊？碰到这种情况，我会先告诉他结论，比如马路那么设计是为了排水，挡土墙上的洞是为了排水减压，然后再详细给他讲为什么，讲这些东西都是如何被人们发现并总结规律计算出来的，告诉他著名的数学家、物理学家，不管他能听懂多少，尽量生动地讲给他听。事实证明他能理解很多，因为他会陆续把他理解了的东西讲给别人听，有一次听他姥姥夸他学识渊博，连挡土墙这么深奥的东西都懂。小学入学考试时，老师出了8+6的题，儿子是最快说出答案的，后来问他，他说以前姥姥给他讲过9+8怎么算，就是把9变成10，再加8减1，又好玩儿又好算。

小学五年级的时候，老师说有个数学能力展示要他报名，差一点我们就没报，觉着挺耽误休息时间的，但后来知道数学能力展示就是北京著名的迎春杯，才赶在最后一天报上了名，之后儿子就得了三等奖，要知道他的奥数就是在学校里学的，很浅，能获奖大大出乎我们的意料。后来我给他买了一本奥数书，每天让他放学回来自己做五道题，他很认真，每天都做，不会的看答案再弄懂，这样的学习效果非常好，以后参加了走美和华杯比赛，都获奖了，最高是二等奖。换句话说，儿子在奥数的学习上，学的基础的东西比较多，也比较扎实，做难题的时间很短，但提高很快，因为获奖肯定了他的学习，也加大了他的兴趣，提高了他主动学习的积极性，所以收效很大。

但在奥数的学习上，除了经验外还有两个教训，一个是学习不能功利，另外一个是并非学习班上得越多越好。儿子五年级奥数轻松获奖后，通过和别的家长接触，我才了解北京的小升初是多么特殊，多么像一场没有硝烟的战争，用心惊胆战和焦急万分来形容当时的我一点也不过分，于是我希望儿子能在六年级奥数竞赛中获得一等奖，为小升初增加砝码，毕竟我们是"书香门第"，唯一擅长并受益的就是读书，别的途径我和他爸爸都没有啊，于是我给孩子报了两个奥数课外班，还请了一小段时间家教，明确提出目标是华杯一等奖，结果不仅没有一等奖，连二等奖也没得，所有竞赛都只获了三等奖。我这才意识到当学习变主动为被动的时候，当学习有了太大的压力的时候，当学习有了除了获取知识和乐趣以外目的的时候，是不会有成绩的。所以，有句话叫做"无心插柳柳成荫"，用在学习上可以理解为当孩子为了兴趣、为了高兴去学习的时候，不知不觉间会硕果累累。

兴趣是最好的老师。如果想让孩子对某件事情感兴趣，我的体会是：在最初的阶段，妈妈要和孩子一起参与，并保持兴致勃勃的状态，发掘事情有趣的一面，和孩子一起进步，或者稍微落后于孩子。如果实在参与不了，也要表达出对孩子所参与事情的极大兴趣和关注，这样慢慢孩子就融到事情里去了，所谓学进去了，就会从中找到乐趣，这时候妈妈就可以不用再参与了，只适当关注即可，因为那已经成了孩子自己的事情，成了他的兴趣所在。

到了中学，课业日益繁重，在课外兴趣上，就不可能像小时候那样全面铺开，而是只选孩子有兴趣并擅长的坚持下去，作为调剂学习的一种手段和一个可能伴随终生的爱好。小时候的全面铺开为了培养他多方面的兴趣，长大后容易选择他最擅长和最喜欢的，同时兴趣广泛的人生活会更丰富、更有感知力。现在看起来，这个取长补短和扬长避短的方法效果还是相当好的。

八　快乐是一种能力，幸福是一种态度

一个老掉牙的故事

世界上最著名的一家公司招聘，层层选拔后锁定三个人。最后的考核环节是将这三个受考核者分别关在一个不缺乏生活用品但与外界断绝联系的房间内（没有电话，不能上网）。三天后，被录取的是那个唯一能够在第三天还自得其乐的人。主考官的解释是："快乐是一种能力，能够在任何环境中保持一颗快乐的心，可以更有把握地走近成功！

第二个故事

小猪问他妈妈："妈妈，你知道幸福在哪里吗？"妈妈说："幸福就在你的尾巴上。"于是，小猪没日没夜地追赶自己的尾巴，希望能咬到它。没想到累得身心疲劳了，还是没有咬到。于是，他问妈妈："妈妈，我怎么还不能抓住幸福呢？"猪妈妈回答说："傻孩子，只要你一直往前走，幸福就一直跟随着你了。"

故事虽然老，但道理我却深以为然，快乐是一种能力，幸福是一种态度。我们希望儿子能是个健康、阳光的孩子，一生都能快乐相随，幸福相伴。他爸爸给他起名为天奕，取意"天生容易"，"天意不可违"，因为是男孩，改"意"为"奕"，神采奕奕，俊朗飘逸。对于这个名字，我非常喜欢，可以说甚合吾意啊，不仅表达了儿子的到来是天意，也表达了他出生前后的顺利，更表达了我们的希望，希望他快乐幸福、丰神俊俏、一生顺遂。

可能上天感受到了我们的虔诚，儿子生来就是个充满爱心的孩子，"人之初，性本善"用在儿子身上最最恰当不过了。

再要个小弟弟好不好？这个问题在幼儿园时很多家长都问过孩子，答案各不相同，但大多数的答案是不行，因为那样会夺走妈妈的爱。儿子5岁时我第一次问他，他开心地笑了，大声说好啊好啊，什么时候我能有小弟弟啊？我故意担心地说，有了小弟弟后妈妈可能会没时间照顾你，因为弟弟太小了，妈妈得全力去照顾他，可以吗？儿子严肃又认真地点头，用清澈的眼睛看着我，掷地有声地说："妈妈别担心，我会帮你照顾他！"那一瞬间，我蹲下来紧紧地拥抱了儿子，多么善良的孩子啊，多么有责任心的孩子啊，多么知道心疼妈妈的孩子啊，多么值得自豪的孩子啊。

儿子上小学前的那个夏天，幼儿园大班里别的小朋友都不去幼儿园了，但儿子没地方可去，我就还把他送到幼儿园去，幼儿园不正式放假，但假期孩子学习的东西基本不安排，以玩儿为主。老师征求我的意见，说她新带的小班有些孩子假期提前送来了，安排儿子带着新入园的小朋友玩儿行不行？我爽快地同意了，回家跟儿子商量，他比我还爽快。我给他讲了讲需要注意的事项，尤其是安全问题，儿子就"上岗"了，并且兢兢业业，表现出了少有的耐心和极大的爱心，据说比老师管得好，比他小三岁的那些孩子都听他的话。到月底交费时，老师说跟园里申请了，你就给孩子交个饭钱吧，其他费用不用交了，还开玩笑说，我们应该给你儿子发工资。儿子用他的爱心和耐心在六岁的时候打了他的第一份工。

儿子上小学后，每天放学在学校学两个小时乒乓球，因为学校3点半放学，我5点才下班，乒乓球下课后正好我去接他。初学得从颠球学起，然后学发球，很多次课以后才能上球台旁边接老师的球，学的孩子很多，得排队。有一次我下班早，就站在门外偷偷看儿子，看见好不容易轮到儿子和老师打了，没几下球就掉了，掉到另一个孩子脚边，儿子跑过去捡，还没跑到，那个孩子把球捡起后故意拿球拍把儿子的球打到远处的墙角，等儿子捡了球回来的时候，别的孩子都又轮了一回了，看到这种情景我心里不高兴，又观察了一会儿，发现这个孩子不好好学球，净欺负别人，有些孩子就和他推推搡搡的，旁边就有家长说这孩子都是叫他奶奶惯的，得跟老师说不让他上课了……我不禁有些担心，儿子会不会每天被欺负啊。下课了，儿子像只快乐的小鸟一样飞到我身边，擦着满头的汗，和我一边走一边叽叽喳喳地说着学校的新鲜事儿。我见缝插针地问了句："刚才打球时那个小胖子把你的球打飞了，你生气了吗？"儿子摇了摇头认真地说："没有啊，捡球也挺好玩的，我们最开始都是到处捡球的。"我的心一下子释然了，受不受欺负，都是大人想当然的判断，对于儿子来说，他觉得那样也很好玩，他不觉着那是受欺负，这是多么好的事啊。大人跟着较什么劲呢？我暗下决心向儿子学习，做一个心胸宽广的人，哪怕是为了自己的快乐。

我们总是问怎么才能得到快乐和幸福，其实快乐和幸福都不是一个目标，快乐是一种发现美好记住美好忘掉不美好的能力；而幸福是感受美好的心态，只有你怀有一颗好奇的心灵去探究世界的可感受的新鲜时，才是幸福，而这种心灵必须是无私天真的。

回想我和儿子13年的成长经历，其实也蛮多波折。儿子4个半月上托儿所，我抱着他去上班；儿子3岁上幼儿园，我考上不脱产研究生，一边上班一边看孩子一边读书，儿子是全园出勤率最高的孩子；儿子幼儿园毕业，我研究生也毕业了，写毕业论文，答辩；儿子小学一年级那年，我考英语、考计算机、发表论文，评上高级职称，同年他爸爸工作调动到北京，我们两地分居，我开始独自带孩子；儿子小学三年级，我和儿子跟随老公到北京，儿子转入新学校，我重新找工作；如今儿子升入北京重点中学，我已成为央企一名工程管理人员。这个经历对于一个前25年都一帆风顺的乖乖女应该算是"充实"吧，现在说起来自己都吓一跳，但身在其中时并未觉着有多辛苦，反而留在记忆里的都是些有趣儿的事。

到北京后，常有人问起我，独自带着那么小的孩子那两年多是怎么过来的？言语间颇为同情。我也曾和儿子一起仔细回想，想来想去竟都是些高兴的事。一起看好看的电影、吃好吃的西餐、在小区里捉迷藏、请同学开生日Party，弹琴难听得把老师都听走了……我还记得儿子那时候长得眉清目秀，粉妆玉琢般，为了配得上他，我把自己也收拾得漂亮体面。竟没有一点蓬头垢面、狼狈不堪、手忙脚乱的印象。

记得儿子二年级那个寒假，他的生日正好在期末考试结束假期还没开始的那个时间段里，我和儿子商量请他的好朋友到家里来玩，开个生日Party。我们商量名单，有他的好朋友，也有妈妈和我是好朋友的同学，然后我们裁了彩色纸画上画儿写上字做成请柬，由儿子带到学校去送给同学，结果那天我们共请了9个同学和9个母亲，我做了两桌不同的菜，一桌给女人吃，一桌给孩子吃，虽然不健康食品多了些，但为了口感，为了高兴，就不考虑那么多了，有炸薯条、炸肉串、煎牛排、可乐鸡翅、意大利面、爆米花、罗宋汤等等，结果宾主尽欢，孩子们吃饱喝足后由儿子领着一起到小区里玩儿，天快黑的时候回来简单吃了晚饭，然后给寿星表演节目，一直玩到晚上8点，天都黑透了才散，还有好几个强烈要求儿子跟他们一起走，去他们家住的。儿子睡觉前看着收到的礼物，爱不释手，反反复复地看，反反复复地玩，不舍得睡。问他，生日快乐吗？他高兴地抱着我，一叠声地回答，快乐快乐快乐！后来开家长会的时候，他们班负责接待的同学隔着窗户看见我，急忙跑到楼下拉着我的手阿姨长阿姨短地叫着，亲自送到座位上，这待遇别人可是想也不敢想的。我们离开大连几年后有一次春节回去，在街上碰见原来同学的家长，说她女儿至今念念不忘那次Party，请柬小心地保存着，并且如果请别人到她家玩儿，也都给人家做个请柬才行。我听了不觉莞尔，又一次感到幸福。

我35岁生日那天，晚上一进家门，儿子就唱着生日歌冲过来，伸手往我头上戴生日帽。生日帽是他自己做的，用了彩色的纸，剪成蛋糕店里生日帽的样子，上面用彩笔画了一处带着栅栏的院子，院子里画了3只胖胖的猪（我是属猪的），房子上面挂着彩带，彩带上不多不少整整画了35支蜡烛，院子的周围还画满了气球，四个大字"生日快乐"把帽子剩下的地方占满了，用了不同的颜色不同的字体，餐桌上摆了一个大蛋糕，儿子说是他抓紧时间写完作业、用自己攒的零花钱、独自到附近的味多美蛋糕店订的，然后满眼期待地问我："妈妈，你高兴吗？"我也一叠声地说："高兴，当然高兴！"我感到幸福。我想小时候的那个Party的意义应该远不止这几件事。

这算是爱的教育吧，爱自己、爱父母、爱朋友、爱生活。有位作家说过："在平凡的生活中，能够把心笑成一朵花，也应该是一种莫大的智慧和幸福。"

儿子小升初的简历中，我这样评价我的儿子：乐观开朗，宅心仁厚，聪明进取，活泼自信，见识广泛。

九　男儿当自强

孩子要独立，尤其是男孩。这个观点老公反复强调，就怕我溺爱儿子。从小到大，我们一般都把他当成独立的一员，没怎么享受过孩子的特权，他也很少有特殊要求。刚结婚的时候，老公有个经常表达的观点：照顾好自己是对别人最大的尊敬。第一次听他这么说，我很气愤，认为他不愿意照顾我，才找这么个说法推脱责任。但后来细细品读这句话，我慢慢认识到，这其实是个真理，人首先要对自己负责任，然后才有可能、有条件对别人负责任。

儿子小时候摔跤了，我们不仅不去扶他，还会要求他爬起来后检查自己受伤的地方，然后再眨眨眼、咬咬牙、吸吸鼻子、活动活动脚腕和手腕，确认下重要部位的完好无损，次数多了，他自己就知道了什么地方需要特别保护。知道要保护自己，自己照顾自己。

小时候出去玩，都是领着他走，走不动就休息一下，一般不抱着他，看到别的小孩当街哭闹要求抱抱，他会很奇怪，我们就对他说，你看那个孩子跟你差不多大，可是做的事情却是不满周岁孩子做的事，一点不像男子汉，把他妈妈都累坏了。他这个时候会貌似老成地点点头，然后大声说，我走得好，想去哪儿就去哪儿，我喜欢走。

吃饭的时候我们一般也不特别关注他，只是会故意说这个菜真好吃，然后故意抢着吃，他不吃也随他去，以后经常做这个菜，几次之后他会试着去尝尝。久而久之，儿子倒是真的不挑食，什么都爱吃，吃什么都香，还经常夸老妈饭做得好吃，从未出现过拿着碗满地追着喂饭的情形。

儿子5岁的时候，我们搬了新家，他有了自己的房间，童趣盎然的房间，他高兴得地上躺会儿，床上蹦蹦，拍拍这儿，摸摸那儿，到了晚上听了故事后很自然地就自己睡了，全家都觉着这是顺理成章的事，最初的时候给他开着门，点着小夜灯，很快发现这些都不需要，他可以按时关灯关门睡觉，睡得甜甜的。

搬了新家后，小区很大，小区里有个小超市，我经常安排他去超市帮我买酱油、牛奶、面包什么的，他从不推辞，乐此不疲。继而发展成骑着他的小自行车去理发，去买快餐。这些事情通常第一次都是我领着他去，做个示范，再嘱咐些注意事项，以后他就可以独立完成了，并经常能举一反三。刚上学的时候，有段时间早上他很磨蹭，不抓紧时间，我担心他迟到，就帮他穿鞋，帮他拿衣服，帮他拿帽子，帮他拿书包，就差帮他吃饭了。后来发现这样做的结果是没什么需要他做的，他也就什么都想不起来做，如果我有一件没想到，那这件事肯定是没人想没人做的，他成了小少爷，而且早上上学这件事成了我的事，反倒跟他没什么关系了。而且我总是一边帮他一边催他，经常叽叽歪歪，他也不高兴，清晨就不愉快，别别扭扭到学校。我决定改变这种状态，就开始逐渐只帮他一部分，剩下的提醒他，于是我们经常迟到，迟到在学校就要受惩罚，几次之后老师找家长了，儿子也着急了，要早点起床，起床后也不磨蹭了，我专门去学校跟老师沟通了一次，老师理解并配合了我。渐渐地，儿子早上所有的事情都是自己做了，我需要做的就是早饭，然后经常是儿子在门口穿戴整齐地喊，妈妈，你能快点吗？别梳头了行不行？

三年级我们到了北京，开学前他爸爸领他看了两所小学，一所是北京市最著名小学之一，另一所是家附近的普通小学。儿子对于那所著名小学很是向往，因为校舍操场图书馆等硬件设施太好了，设计也很人性化，在孩子眼里是座美丽的"迷宫"，比另一所小学和大连的小学好太多了。他爸爸告诉他，联系学校是爸爸的事，考试是你的事，爸爸千方百计争取到了那所著名小学的考试机会，考不考得上是你的事，大概有50多人考试，因为是插班，录取的名额很少，得考前几名才有可能被录取，考上了咱就去念，考不上，咱就念另一所小学。

儿子用心地看了北京的教科书，考试结束后，满面春风地跑出来，老远就给我比划着胜利的手势，告诉我数学他全会，英语也都做出来了。结果儿子考了第一名，顺利进入他向往的学校。

在北京上学后，又出现了新问题，就是孩子放学早，我下班晚。学校远，不可能像在大连那样让他在学校打球到我下班去接他，他必须坐班车回家，他到家时大概是4：30—5：00，而我下班到家一般都6：30了。他要自己带钥匙开门，并独自在家两个小时，那时他才3年级，没办法，只能如此。对儿子进行了必要的安全教育后，他就开始了独自在家的生活。事实证明孩子的潜力是巨大的，他可以胜任很多事，他会每天都很小心地把钥匙收好，回家后洗手喝水写作业，后来还能帮我把大米饭用电饭锅给做上。在此期间发生过有人敲门收水费，检查暖气管线等，儿子均不开门并告诉来人，我妈妈出去买东西一会儿就回来，你给我妈妈打电话吧，或者你晚上再来。现在的儿子已经能自己熟练在网上地图上查询地址，自己坐公交车和地铁去他需要去的很多地方了，王府井书店，图书馆，课外班上课的地方，还有回龙观他表弟家，都不用我再操心了。

长大后的牙齿正畸，他也能正确对待，认清这是他自己的事。他的牙向外突出，而且中间有缝儿，必须矫正，而且矫正时间和方案比别的孩子复杂，他先戴了4个月活动牙套，这个活动牙套比固定牙套遭罪，除了牙齿受力外，它像老人的假牙那样有上鄂，就是吃饭时除了舌头，别的地方基本上都感觉不到饭，然后牙还特酸疼，但儿子很快就不抱怨了，认认真真按大夫的要求去做，我表扬他，他装得漫不经心地说："我的牙我当然得好好对待了。"

对于学习，他也认识到是他自己的事情，前不久有一天他对我说："妈，我听明白我们老师的意思了，老师说如果想有个称心的工作，就必须要念一个一流的大学、一个喜欢的专业，要想念一个这样的大学和专业，就必须要念一个教学质量好的高中，要想念好的高中，现在就得拼命学习。唉，看来不拼'老命'

是不行了……"我忍着笑，说："那你就拼了你的'老命'吧，此时不拼何时拼？"
当然认识到和做到还有好大一段距离，不过我还是很欣慰，我知道儿子早晚能
做到的，成长有时候需要等待，我会耐心等待。

今年"六一"儿子退队时，他爸爸给他写了封信，全文如下：

天奕：

过去每次都是妈妈给你写信，今天爸爸也有了这个好机会给你写信，我非
常高兴。

听说你们马上退队，可以入团了，其实去年从你进入初中读书起，就是你
人生的一个重要转折时刻，说明你从一名儿童正式成为一名少年了。人们常说：
自古英雄出少年。足以说明少年时代是一个人成长的重要时期。

在爸爸看来，一名男孩或者男人最重要的品质就是坚韧，就是遇到任何挫
折而从不言败。一次考不好下次再考回来，一次不成功下次再来。爸爸虽然不
喜欢你经常哭鼻子，但是你哭完很快就可以露出笑脸，忘掉刚才的不愉快，我
把这也理解为一种坚韧。记住永远以笑面对生活，我希望这成为你作为一个男
孩以至将来成为一个男人毕生坚持的性格。

你已经知道，现在我对你的要求只有两个，一是独立，你母亲花了很多心
血教育照顾你，希望你能承担自己应尽的责任，做好自己的事情，让父母少操
心；二是加强体育锻炼，安排好自己的时间，多去户外玩儿。能有一个好身体
对你一生都至关重要，所以要抓住青春期长身体的重要时机。

不多说了，顺便告诉你一声，爸爸非常欣赏你写书法时的认真和执着。

父字

2010年5月16日

他爸爸惜墨如金，言简意赅，文章短小，但表达了几个重要的教育理念，
就是希望他的儿子能够像个真正的男人那样，具有独立、坚韧、乐观、执着的

品质。在之前的13年的教育中，但愿我们做到了。男儿当自强，希望儿子在今后的成长道路上，能自立自强，成为一个真正的男人。

十　爱他如他所是

儿子刚生下来时，我跟着书本学习照顾他，根本无暇细想把他培养成什么样的人，只是欣喜地看着他牙牙学语、蹒跚学步，一点点长大。

当我第一次以家长的身份去开家长会时，老师在会上点名表扬儿子有爱心、愿意帮助小朋友，会后又单独跟我说儿子特别聪明，算数、识字都特快时，我的喜悦和自豪之情真是无法用语言表达。从那时起，我应该就有了望子成龙之心。

儿子在相当长的时间内从未让我失望过，他在所有的课外兴趣班中的表现都是出类拔萃的，在学校的功课也是名列前茅的，我在教育书上看到的每一个年龄段应该掌握的各方面技能儿子都能超出一大截……人前人后我除了自豪还有得意，小小的虚荣心谁没有呢？当然我也尽我所能地让他全面发展，饮食健康。我曾经想过儿子会这样没有任何"瑕疵"地一直出类拔萃到大学毕业、结婚生子。

所以当儿子小学四年级体检回来说眼睛近视了，后来确认为真性近视时，我的难过、失望和沮丧都是别人无法理解的，就好像国画大师倾尽毕生所学在白色的宣纸上画的一幅绝美的画儿，突然横生枝节多了不在画家计划内的一笔，且无论如何也抹不去，画还依然得画下去，只能黯然接受已注定的不能完美……这是发生在儿子身上的第一次不完美，现在看起来是很正常的一件事，但当时对我的打击是巨大的，我常常会郁闷地想：怎么会近视呢？才四年级啊。我甚至不愿意想象儿子长大了戴眼镜的样子，他应该是玉树临风的啊，怎么能戴眼镜呢？

　　我第二次感到失望是儿子五年级时体育成绩没达到优秀，我不能理解我和他爸爸小时候都是校队的遗传基因，儿子怎么会连体育课的那点内容都不能达到优秀？当然后来儿子通过练习轻松地把那些项目的成绩都提高上去了，但新的内容他又不能顺利获得优秀。我在沮丧的同时也发现：儿子应该是发育得相对晚一些，他比同样五年级的孩子单纯很多，同时身体发育也稍晚一点，这也是他体育成绩不能达到优秀，但过一段时间稍加锻炼就轻松提高的原因。这个发现让我心里释然的同时，也慢慢改变了我对儿子的"完美主义"的要求，我认识到了每个孩子都有自己的强项和弱项，都有自己相对辉煌和黯淡的时期。孩子的成长有时候需要耐心等待。

　　当我第一次看到"爱他如他所是"这句话的时候，应该说是醍醐灌顶。如果你爱他，就不要强求他变成你希望他变成的样子，他有他的人生，他有他想变成的样子，你要尊重他的所有。这句话对我的影响是巨大的，我开始反省自己，望子成龙，天下之大又有几只龙呢？自己就是一个普通人，凭什么要求儿子当天才呢？做一个健康快乐的普通人难道不好吗？应该说儿子小学六年级奥数竞赛最终没有获得一等奖时，我曾经是失望的；儿子进入重点中学后考不进学年前40名，我也曾经是失望的……但现在我已经不那么想了，爱他如他所是，儿子健康、快乐、聪慧、幽默，我有什么理由不爱他呢？

十一　感谢儿子

　　从古至今有太多的词汇和诗句来描述时光的流逝，不久前的某天清晨，我对着镜子看自己，不期然地从自己的脸上看到一种神情，那种神情应该叫做慈祥，不由暗暗心惊，天哪，时光飞逝、青春不再了吗？心惊之后又不觉莞尔，我的儿子已经13岁了，我怎么可能还一脸的天真？如果没有儿子，我照镜子的时候会不会觉得没有希望？儿子使我的衰老有了价值，看到自己老去也能处之泰然。

路上，一个清清爽爽的男孩走在我身边，至少比我高大半个头，宽宽的肩，温润的笑，手里还帮我提着重的和不重的东西……而走在男孩身边的我，面容慈祥，幸福的笑容挂在脸上。这是经常出现在梦里的一个画面，每当想起这个画面，我都心下一片安宁，微笑会不自觉地挂在嘴角，这会是我未来的生活吧？想想都会从梦中笑醒。

翻翻从前零星记录的育儿笔记，儿子仿佛又咧着小嘴蹒跚着向我跑来，一岁半时清晰地说出"去姥姥家"，被周围邻居夸好口才；三岁时姥姥指着家里墙上挂着的我的结婚照问他，怎么没有天奕啊？儿子憨憨地回答，我在姥姥家玩呢；四年级时，回家大声问我们："知道肚脐下三寸是什么吗？""……""是——田丹！"；我们讨论《红楼梦》，他插嘴："咦，你们说的林妹妹就是凤辣子吧！"；学了《初见黛玉》的课文后，老师要求用"标致"造句，"我妈妈虽然快四十岁了，但身材还是很标致。"被扣掉两分。太多这样的小故事了。

看着看着，曾经的岁月仿佛扑面而来。我感谢儿子的到来；感谢儿子让我在那么年轻的时候就做了母亲；感谢儿子和我一起成长；感谢儿子在成长的过程中带给我的快乐；感谢儿子让我成熟和蜕变；感谢儿子让我的生命更完整；感谢儿子让我学会在琐碎的生活中感受幸福。

感谢儿子，感谢冥冥中的一切。

图书在版编目（CIP）数据

上班族妈妈的教子宝典.心得篇/张晓彤等著. —北京：
北京理工大学出版社，2010.8
ISBN 978-7-5640-3574-7

Ⅰ.①上… Ⅱ.①张… Ⅲ.①家庭教育 Ⅳ.①G78

中国版本图书馆CIP数据核字（2010）第154531号

出版发行／北京理工大学出版社
社　　　址／北京市海淀区中关村南大街5号
邮　　　编／100081
电　　　话／（010）68914775（总编室）　　68944990（批销中心）
　　　　　　68911084（读者服务部）
网　　　址／http://www.bitpress.com.cn
经　　　销／全国各地新华书店
印　　　刷／山东临沂新华印刷物流集团有限责任公司
开　　　本／889毫米×1194毫米　　1/24
印　　　张／9.25
字　　　数／180千字
版　　　次／2010年8月第1版　2010年8月第1次印刷　　责任校对／张沁萍
定　　　价／26.00元　　　　　　　　　　　　　　　　责任印制／母长新

图书出现印装质量问题，本社负责调换